Rathjen · Dublin und die Welt

Friedhelm Rathjen

Dublin und die Welt

Spurensuchen zu Leben, Werk und Wirkung von James Joyce

2021

rejoyce pocket
rjp 11

Bibliografische Information der Deutschen Bibliothek:

Die Deutsche Bibliothek verzeichnet diese Publikation in der Deutschen Nationalbibliografie; detaillierte bibliografische Daten sind im Internet über <www.dnb.de> abrufbar.

EDITION ReJOYCE Südwesthörn 2021
rejoyce@gmx.de
Satz, Titelfoto und Umschlaggestaltung: Friedhelm Rathjen
Herstellung: Books on Demand GmbH, Norderstedt
ISBN 978-3-947261-30-7

Inhalt

Joyceleben

Am 2. Februar 1882 wird James Joyce in drei Gemeinschaften hineingeboren, die allesamt in Umbruch oder Niedergang begriffen sind: in die private seines Elternhauses, das bald der Verelendung anheimfällt, in die nationale eines von England regierten Irland, dessen Chancen auf politische Unabhängigkeit stagnieren, und in die konfessionelle eines Katholizismus, der – wie Joyce später urteilen wird – nichts weiter ist als „Schwarze Magie“. Der hochbegabte junge Joyce, der von den Jesuiten erzogen wird, liebäugelt ein Weilchen mit dem Priesteramt, sagt sich dann aber aus allen drei Gemeinschaften los, weil er auf die Instabilität der Welt mit beherzten Schritten in die Zukunft reagieren will und nicht mit engstirniger Rückwärtsgewandtheit – wie sein Vater, der sentimental von alten Zeiten schwadroniert, wie die selbsternannte kulturelle Elite Dublins, die sich der Verherrlichung des irischen Bauerntums verschreibt, oder wie die Kirche, die der heraufziehenden Moderne mit antiquierten Moralvorstellungen begegnet. In Elternhaus, Vaterland und Mutter Kirche findet Joyce die ersten – und bis zu seinem Lebensende besten! – Anlässe für sein fundamentales Aufrührertum, das sich anfangs noch in pathetischem Aufbegehren, bald aber in spottlustiger Kritik Bahn bricht.

Joyce beschließt, Schriftsteller zu werden. Er begeistert sich für den Erzrealisten Ibsen, der in Irland als unmoralisch gilt, und verteidigt dessen Mut zur Aufrichtigkeit: „Für einen Schriftsteller ist es doch die natürlichste Sache von der Welt, jedes Ding beim rechten Namen zu nennen. Der Fehler vieler Moralisten liegt selbst heute noch darin, daß ihnen peinliche Phänomene weniger zuwider sind als die Leute, die darüber schreiben. Es ist immer wieder dasselbe. Die Menschen bezeichnen einen Autor immer noch als unmoralisch, wenn er es ablehnt, Dinge zu verschweigen, die nun einmal existieren. Unmoralisch! Nun, es ist geradezu ein Zeichen von Moralität, nicht nur das zu sagen, was man für wahr hält – sondern unter äußerster Opferbereitschaft ein Kunstwerk zu schaffen; auch das ist moralisch."

Ein erster Versuch, dem Idol Ibsen nachzueifern, ist das Drama *A Brilliant Career*, das Joyce als 18jähriger schreibt; überliefert ist davon nur der Eintrag auf dem Titelblatt: „Meiner / eigenen Seele / widme ich das erste / echte Werk meines / Lebens." An Selbstbewußtsein mangelt es Joyce sichtlich nicht; als er den Nationaldichter William Butler Yeats auf der Straße trifft, bedeutet er ihm: „Ich bedaure, daß Sie zu alt sind, um noch von mir beeinflußt zu werden". Das starre kulturelle Klima Dublins erfüllt ihn mit Ungeduld: „Ich will berühmt werden, während ich noch am Leben bin." Also schnorrt er sich im Herbst 1904 das nötige Kleingeld zusammen (Gewissensbisse hat er nicht, denn: „Ich bin nicht Jesus Christus, ich kann nicht auf dem Wasser gehen") und bricht auf den europäischen Kontinent auf, im Schlepptau ein handfestes, wenn auch nicht sonderlich kunstverständiges Zimmermädchen namens Nora Barnacle, das er erst 27 Jahre später heiraten wird.

In Triest (damals noch Österreichs Zugang zur Adria) findet Joyce eine Anstellung als Sprachlehrer und fristet ein kärgliches Dasein, während er an seinem Erzählungsband *Dubliners* und dem autobiographischen Roman *Stephen Hero* (einer Generalabrechnung mit seiner Herkunft) schreibt. Das Alltagsleben mit seiner Gefährtin (und bald auch zwei Kindern) ist wenig dazu angetan, romantische Vorstellungen von einem auf Dauer angelegten Liebesverhältnis zu nähren. „Wenn ich das Wort ‚Liebe' höre, packt mich der Brechreiz", wird Joyce später in seinem Leben sagen; gegenüber seinen Triestiner Saufkumpanen drückt er sich noch gröber aus: „Wir unterscheiden nicht zwischen einer Hure und einer Ehefrau, abgesehen davon, daß wir eine Hure für fünf Minuten haben und eine Ehefrau fürs ganze Leben.“ Seine Nora bleibt ihm immerhin tatsächlich fürs ganze Leben erhalten, zumal sie die lebenspraktischen Alltagsdefizite ihres Gefährten weitgehend auszugleichen vermag. Joyce schätzt pragmatische Frauen. „Wissen Sie, wie man herausfinden kann, ob eine Frau etwas taugt oder nicht?“ fragt er einmal einen Gesprächspartner; „führen Sie sie in eine Gemäldegalerie, und erklären Sie ihr die Bilder. Wenn sie einen fahren läßt, ist sie in Ordnung.“

Als Joyce Probleme hat, die *Dubliners* bei einem Verlag unterzubringen, gerät sein Schaffensdrang einige Zeit ins Stocken: „Gegenwärtig widme ich meine ganze Aufmerksamkeit dem Loswerden meines Rheumatismus, der Ausbildung meiner Stimme und dem Fettwerden.“ Die Hoffnung, in Rom als Bankbeamter die eigenen Finanzen zu sanieren, endet in einem Fiasko, zumal Joyce Italien nicht mag („Italiener haben so eine seltsame Art, ihren Patriotismus zu zeigen, sie wollen anderen Leuten ihre intellektuelle Überlegenheit mit den Fäusten aufzwingen“); rasch kehrt er an die Adria zurück und beginnt, den Stoff von *Stephen Hero* zu dem ambitionierteren Roman *A Portrait of the Artist as a Young Man* umzuarbeiten.

1915 vertreibt der Weltkrieg die kleine Familie aus Triest. Joyce zieht nur ungern fort, denn er hat dem multikulturellen Städtchen und dem österreichisch-ungarischen Staatsgebilde inzwischen einiges abgewinnen können („Man nannte es ein wackliges Reich“, resümiert er, „ich wollte bei Gott, es gäbe mehr solche Reiche“); an seiner Zuflucht in der neutralen Schweiz stört ihn sowohl die Sauberkeits- und Ordnungsliebe („Zürich ist so sauber, daß man eine auf der Bahnhofstraße ausgeschüttete

Minestra ohne Löffel wieder aufessen könnte“) als auch die Phalanx der Berge ringsumher („diese großen Zuckerwürfel“). Dennoch wird Zürich zu der Stadt, in der Joyce sein Glück macht. Während er hier lebt, beginnen zwei Gönnerinnen (deren eine, Harriet Shaw Weaver, ihm bis an sein Lebensende erhalten bleibt), seine Arbeit zu finanzieren, und so kann er sich vergleichsweise sorgenlos daran machen, sein ehrgeiziges Romanprojekt *Ulysses* in die Tat umzusetzen, in dem es um nichts anderes gehen wird als die mehr oder minder alltäglichen Verrichtungen dreier Haupt- und unzähliger Nebenfiguren an einem langen Tag in Dublin. Technisch und stilistisch wird dieses karge Geschehen freilich so raffiniert aufbereitet, daß die Niederschrift nur mühsam vorankommt. Einmal bekennt er einem Freund, er habe den ganzen Tag nur an zwei Sätzen gefeilt: „Die Wörter hab’ ich schon. Ich suche nach der vollkommenen Anordnung der Wörter im Satz.“ Den Versuch der britischen Behörden, ihn zum Kriegsdienst einzuberufen, läßt Joyce souverän ins Leere laufen: „James Joyce läßt sich dem B.M. Generalkonsul empfehlen und sendet ein ihm versehentlich zugestelltes Schriftstück hiermit zurück.“

Der Versuch, nach Kriegsende ins – nun italienische – Triest zurückzukehren, scheitert an der dortigen Lebensmittel- und Wohnungsknappheit, und so zieht Joyce mit Nora und den beiden Kindern Giorgio und Lucia nach Paris weiter, wo er schon vor der Publikation des *Ulysses* 1922 zum gefeierten Star der literarischen Szene avanciert. „Paris ist wie ich“, urteilt Joyce, „eine überhebliche Ruine oder wenn man will, ein abgestürzter Zecher.“ Seine Zeche übernimmt weiterhin die Mäzenin Miss Weaver, denn Joyce gewöhnt sich bald einen mondänen Lebensstil an, der sich aus dem Verkauf des im Selbstverlag der englischsprachigen Pariser Buchhandlung „Shakespeare & Co.“ erschienenen *Ulysses* nicht finanzieren läßt. Joyce mausert sich zum PR-Genie in eigener Sache; einem Bekannten verrät er, er verlange von seinen Lesern, „daß sie ihr ganzes Leben der Lektüre meiner Werke widmen sollen." Sein Buch erklären mag er nicht: „Wenn ich das alles sofort preisgäbe, würde ich meine Unsterblichkeit verlieren. Ich habe so viele Rätsel und Geheimnisse hineingesteckt, daß es die Professoren jahrhundertlang in Streit darüber halten wird, was ich wohl gemeint habe, und nur so sichert man sich seine Unsterblichkeit." Einmal muß er gar auf der Straße einem Bewunderer das Ansinnen abschlagen, die Hand zu küssen, die den *Ulysses* geschrieben habe: „Nein, die hat auch noch vieles andere getan."

Joyce muß freilich auch erkennen, daß der Ruf des Schwierigen viele Leute vom Kauf des *Ulysses* abschreckt, und lanciert Beschwichtigungen: „Das Dumme daran ist, daß die Öffentlichkeit eine Moral von meinem Buch verlangen wird und darin finden will, oder, schlimmer, sie könnten es ernst nehmen, und, beim Wort eines Ehrenmannes, es ist doch keine einzige ernste Zeile darin." Den Vorwurf, sein Buch sei unlesbar, begreift er nicht: „Wenn der *Ulysses* unlesbar ist, ist das Leben unlebbar." Tatsächlich beharrt er stets darauf, daß sein Buch wie das Leben sei – oder gar umgekehrt: „Meine Kunst ist nicht ein Spiegel, der der Natur vorgehalten wird. Die Natur spiegelt meine Kunst." Am wenigsten verstehen kann er, warum sich marxistische Kritiker gegen den *Ulysses* wenden: „Ich weiß nicht, weshalb sie mich angreifen. In meinen Büchern gibt es keinen, der mehr als tausend Pfund besitzt."

Bald wird es Mode, im *Ulysses* künstlerisch jene Einsichten umgesetzt zu sehen, die Sigmund Freud mit seiner Psychoanalyse theoretisch formulierte. Joyce schätzt das gar nicht, denn die Psychoanalyse ist für ihn „nicht mehr und nicht weniger als Erpressung." Ohnehin wird ihm jedes Geschwafel von der Seele rasch zuviel. Als ein Maler, der ihn porträtiert, ständig betont, er wolle seine Seele einfangen, meint Joyce lakonisch: „Lassen Sie nur meine Seele. Passen Sie bloß auf, daß mein Schlips richtig drauf ist." Nicht nur auf seinen Porträts sind ihm Krawatten und Bügelfalten inzwischen lieber als gutgemeinte Inhalte; als er jemanden von D.H. Lawrence schwärmen hört, bekundet er: „Dieser Mensch schreibt wirklich sehr schlecht. Sie sollten sich statt dessen etwas von seinem Freund Aldous Huxley geben lassen, der sich wenigstens anständig anzieht."

Während die literarische Welt noch damit zu tun hat, den *Ulysses* zu verdauen, geht Joyce noch einige Schritte weiter und beginnt mit seinem nächsten Buch *Finnegans Wake*, das er erst 1939 nach 17jähriger Arbeit abschließen wird. Es handelt sich um einen schwer zu durchdringenden vielschichtigen Roman in einem kunstvollen Gemisch aus mindestens vierzig Sprachen, das simultan praktisch alle Geschichten der Welt nach- und neuerzählt (Geschichten, die Joyce selbst vielleicht nicht in dieses Buch hineingetan hat, werden von den akribischsten Entschlüsselern notfalls trotzdem darin gefunden). „Ich weiß, es ist nicht mehr als ein Spiel", kommentiert Joyce, „aber es ist ein Spiel, das ich auf meine eigene Art zu spielen gelernt habe. Kinder können ebensogut spielen oder es auch sein lassen. Der Menschenfresser wird auf jeden Fall kommen." Vor allem kommt jedoch Kritik an den Ausschnitten aus *Finnegans Wake*, die Joyce vorpubliziert, Kritik nicht nur von seinen eingefleischten Gegnern, sondern auch von bisherigen Freunden und Anhängern, und zeitweise denkt Joyce sogar daran, das kräftezehrende Projekt aufzugeben. Zu Beginn der dreißiger Jahre kommt es zeitweilig fast zum Erliegen, weil Joyce trotz etlicher Augenoperationen am Rande der Erblindung steht, und als wäre das noch nicht genug, bereitet ihm seine Tochter

Lucia größte Sorgen, bei der eine schwere psychische Störung zum Ausbruch kommt. Joyce, dessen künstlerischer Weg als Bruch mit Herkunft und Familie begann, ist inzwischen zu einem Familienmenschen mit recht bürgerlichen Vorstellungen vom Leben geworden, kann aber mit aller väterlichen Liebe nicht verhindern, daß Lucia schließlich in eine geschlossene Anstalt eingewiesen wird.

Nur mühsam rafft Joyce sich Ende der dreißiger Jahre noch einmal auf und bringt sein kompliziertes Weltbuch *Finnegans Wake* zu Ende. Die Zeiten spielen ihm nicht in die Hände, Europa steht am Rande des nächsten Weltkriegs und kümmert sich weniger um die literarische Avantgarde, als Joyce sich das wünscht. An Politik, so erklärt er jedem, der bei Tisch das ungeliebte Thema anspricht, sei er nicht interessiert: „Das einzige, was mich interessiert, sind Stilfragen.“ Notgedrungen nimmt er die heraufziehende Katastrophe dennoch zur Kenntnis und gibt Ratschläge, die naiv klingen, deren Beachtung der Welt freilich mancherlei erspart hätte: „Jetzt bombardieren sie Spanien. Sollte man statt dessen nicht lieber einen so großen Jux machen wie ich?“ Und: „Man soll Polen in Ruhe lassen und sich lieber *Finnegans Wake* widmen!”

Der Krieg treibt Joyce ein zweites Mal in die Schweiz; nach unsäglichen Schwierigkeiten mit französischen, deutschen und schweizer Behörden trifft er im Dezember 1940 in Zürich ein – und hat dort nur noch Zeit zum Sterben. Am 13. Januar 1941 erliegt er einem Zwölffingerdarmgeschwür.

In vier Schaffensjahrzehnten und mit nur vier Büchern – dem Erzählungsband *Dubliners* sowie den Romanen *A Portrait of the Artist as a Young Man*, *Ulysses* und *Finnegans Wake* – hat Joyce es immerhin geschafft, die Literatur völlig umzukrempeln – indem er sich Sprachen, Sprechweisen und Ausdrucksmöglichkeiten aneignete, deren größter Vorzug es war, daß in ihnen immer etwas Neues und Fremdes mitschwang. Darin (weit mehr als in seiner Tauglichkeit für Fremdenverkehrszwecke, wie man sie inzwischen auf seiner Heimatinsel entdeckt hat) steckt, wenn es so etwas gibt, das Irische an James Joyce. Joyce definierte „englische“ Literatur nämlich so: „Die Iren, dazu verdammt, sich in einer Sprache auszudrücken, die nicht die eigene ist, haben darauf den Stempel ihres eigenen Genies gedrückt und wetteifern mit den zivilisierten Nationen um den Ruhm. Das Ganze nennt man dann englische Literatur...“ Kein Zweifel, hier spricht Joyce von sich.

Ein Roman wird begangen
Mit Leopold Bloom und Stephen Dedalus durch das Dublin von James Joyce

Ein Tag im Leben einer Stadt, durch die eine Unzahl von Leuten spaziert – so könnte man ganz kurz und knapp zusammenfassen, was im *Ulysses* von James Joyce vor sich geht. Das Dublin des Jahres 1904 ließ sich tatsächlich, wiewohl Großstadt, bestens auf den eigenen Füßen durcheilen. Von den Hauptfiguren des *Ulysses* tun dies die beiden männlichen: der junge Möchtegernkünstler Stephen Dedalus und der alternde Anzeigenagent Leopold Bloom. Die dritte Hauptfigur hingegen, Blooms Frau Molly, bleibt an jenem 16. Juni den ganzen Tag im Bett. Ein leichtes ist's natürlich, das nachzumachen – am besten mit einem Buch in der Hand (den *Ulysses* wird man allerdings schwerlich an einem Tag durchgelesen bekommen); wer es sich nicht ganz so bequem machen möchte, kann aber auch heute noch den Spuren Stephens und Blooms folgen. Ein bißchen weniger bequem hat man's vor allem, weil es die Straßenbahn, deren sich die *Ulysses*-Figuren bedienen, lange nicht mehr gibt (die zwei Linien, die seit 2004 unter der Bezeichnung LUAS mit modernen Wagen in Dienst genommen wurden, sind nur ein schwacher Ersatz für das einstmals engmaschige Netz). Der Busverkehr, der an die Stelle des alten Tram-Netzes getreten ist, gibt für Joycesche Spurensucher leider nicht allzu viel her; brauchbarer ist da schon die Stadtbahn *Dublin Area Rapid Transit* (kurz DART), die zwar aus nur einer einzigen Linie besteht, uns aber zuverlässig an den Beginn unserer Joyceschen Stadtwanderung bringt.

Wir fahren gen Süden bis zur Station Sandycove, erreichen in wenigen Minuten die See und können ihn rechter Hand gar nicht übersehen, den Martello-Turm, auf dem der *Ulysses* beginnt: „Stattlich und feist erschien Buck Mulligan am Treppenaustritt, ein Seifenbecken in Händen, auf dem gekreuzt ein Spiegel und Rasiermesser lagen." Stattlich und feist wirkt – auf einem Foto, das vor etlichen Jahren in der *Sunday Tribune* erschien – auch Salman Rushdie, wie er auf die Plattform des Turms hinaustritt; stattlich und feist wirkt vor allem der Turm selbst, der zu Beginn des 19. Jahrhunderts als Wehrturm erbaut wurde.

„Billy Pitt hat die Dinger gebaut," erklärt Buck Mulligan in der *Ulysses*-Auftaktepisode, „als der Franzmann fuhr zur See."

Sehr schön geeignet als Startpunkt für unsere Tour ist der Martello-Turm von Sandycove nicht nur, weil hier der Joyce-Roman einsetzt, und auch nicht nur, weil man von der Plattform aus einen famosen Rundblick über jene Stadt hat, die wir erwandern werden – ein idealer Startpunkt ist der Turm auch, weil er heute ein kleines Joyce-Museum beherbergt, das rappelvoll mit Memorabilia aller Art ist und auf sehr atmosphärische Weise in die Joycesche Welt einstimmt. (Leider ist das Museum, seitdem die Kommune die öffentliche Förderung aus finanziellen Gründen gestrichen hat und die Betreuung ganz in der Hand von Freiwilligen liegt, selbst in den Sommermonaten nicht immer ohne Voranmeldung zugänglich.)

In dem Turm wohnte Joyce höchstpersönlich vom 9. bis zum 14. September 1904, und zwar als Untermieter des trinkfreudigen Oliver St. John Gogarty, der im Roman zu Buck Mulligan wird. Der Joycesche Aufenthalt endete abrupt, als ein weiterer Gast des Nachts von einem schwarzen Panther träumte und mit dem Revolver um sich ballerte. Gogarty fand das ungeheuer juxig und beteiligte sich am Spaß, indem er auf ein paar Pfannen über Joycens Bett schoß. Joyce war in Todesängsten und fand das Ganze gar nicht zum Lachen.

Gar nicht zum Lachen dürfte Joyce auch die paar Wochen gefunden haben, die er im Mai und Juni 1904 als Hilfslehrer an der privaten Clifton School in Dalkey absolvierte. Nach allem, was man weiß, war Joyce ein ebenso ungeeigneter Lehrer wie Stephen Dedalus, den wir im zweiten *Ulysses*-Kapitel dort als Mathematiklehrer und im gezwungenen Gespräch mit dem gönnerhaften Rektor erleben. Das Schulgebäude steht noch, und zwar in der Dalkey Avenue 63; wie Stephen können wir vom Martello-Turm aus in einem kurzen Fußmarsch dort hingelangen. Freilich ist das Gebäude heute wieder in privatem Gebrauch, so daß wir es nur von außen bewundern können.

In der dritten *Ulysses*-Episode geht Stephen am Strand von Sandymount spazieren. Wahrscheinlich ist er mit dem Zug auf der heutigen DART-Strecke von der Station Dalkey bis zur Station Lansdowne Road gefahren und dann von dort an den Strand gegangen, weil er vor dem beabsichtigten mittäglichen Treffen mit Buck Mulligan noch Zeit zu vertun hatte. Der Strandspaziergang, wie Stephen ihn durchführte, ist uns leider nicht mehr möglich, da der betreffende Küstenabschnitt inzwischen mit Erde aufgefüllt und bebaut ist. Um wenigstens die Atmosphäre der „Proteus"-Episode einfangen zu können, verlassen wir deshalb die DART schon an der Merrion Station; von hier aus können wir mit einem gut halbstündigen Marsch das, was vom Sandymount Strand noch übrig ist, abschlendern und jenem Meeresrauschen nachhorchen, das niemand so genau mitstenographiert hat wie James Joyce: „Horch: eine vierwortige Wellensprache: ssiissuu, hrss, rssiiiss, uuuss. Heftiger Atem der Wasser inmitten von Seeschlangen, sich bäumenden Rossen, Felsen. In felsigen Näpfen schwappt er: flapp, schwapp, schlopp: gefesselt in Fässern. Und versprüht erlischt seine Sprache. Rieselnd noch fleußt er, weit ausfließend, flutender Schaumpfuhl, Blume, sich entfaltend."

Das mit dem „Schaumpfuhl“ ist übrigens nur zu zutreffend, denn der Strand ist zumindest heute scheußlich verdreckt – wasserdichtes Schuhwerk ist sehr zu empfehlen. Vielleicht heben wir besser den Blick: quer über die Dublin Bay hinweg sehen wir den Hügel der Halbinsel Howth, auf dem unsere Tour enden wird, wie einen gestrandeten Wal im Wasser liegen.

Dort, wo der Strand heute endet, beginnt die Beach Road, und wir befinden uns an jener Stelle, an der nicht nur Stephen seinen Spaziergang beginnt, sondern an der später am Tag auch Leopold Bloom am Strand hockt. Er erholt sich von den Strapazen des Tages und findet wonnigliche Ablenkung von seinen Sorgen: Ein halbwüchsiges Mädchen, Gerty MacDowell, läßt sich von Bloom unter den Rock schauen, als sie sich streckt, um das Feuerwerk des Basars der nahen Kirche *Star of the Sea* zu betrachten – und da explodiert auch beim erregten Bloom ein Feuerwerk: „es war ein seufzendes O! und alles schrieb O! und O! in Verzückung und es ergoß sich daraus ein Strom goldregnender Haarfäden und sie schimmerten auseinander und ah! da warens auf einmal lauter grünliche tauige Sterne die niederfielen mit güldenen, O so lebendig! O so sanft, süß, sanft!“

Doch wir haben vorgegriffen, denn das spielt sich erst am frühen Abend ab. Durch die Leahy's Terrace (an deren Einmündung zur Sandymount Road besagte *Star of the Sea Church* heute noch ragt) und die Newbridge Avenue (bei deren Nummer 9 später, im sechsten Kapitel, der Begräbniszug des Paddy Dignam beginnt) erreichen wir die DART-Station Lansdowne Road; von dort fahren wir entweder (wenn wir zu Blooms Haus in der Eccles Street wollen) zur Connolly Station oder (wenn wir Blooms Wanderungen mit den „Lotusessern“ aufnehmen wollen) bloß bis zur Tara Street Station. Es wird Zeit, daß wir mit Bloom den Tag noch einmal beginnen.

Nachdem die ersten drei *Ulysses*-Episoden, die Kapitel der sogenannten „Telemachie", sich ganz Stephen Dedalus gewidmet und seine Verrichtungen von acht Uhr bis etwa halb zwölf gezeigt haben, springt der Ulysses für die vierte Episode zur achten Morgenstunde zurück und schwenkt zum 38jährigen Leopold Bloom über. Er wohnt mit seiner Frau Molly im Gebiet nördlich der Liffey, in der Eccles Street 7 (gut 20 Minuten von der Connolly Station), von wo aus er seinen ersten Morgengang zum Schlachter Dlugacz in der Upper Dorset Street unternimmt. In dieser Gegend kann man sich heute noch einen Eindruck von dem Baustil jener Häuser, von denen Bloom eines bewohnte, machen, und je nach Geschmack mag man Freude dran haben, daß der Pub von Larry O'Rourke (der Bloom veranlaßt, zu sinnieren: „Wäre ein ganz schönes Geduldsspiel, quer durch Dublin, ohne an einer Kneipe vorbei") heute *James Joyce Lounge* heißt – doch wer genauere Spuren des Ulysses aufnehmen will, muß enttäuscht werden. Das Bloomsche Wohnhaus wurde in den siebziger Jahren endgültig zerstört (die berühmte Eingangstür, bis 1994 im Bailey Restaurant in der Duke Street verwahrt, hat im James Joyce Centre in der North Great George's Street ihren dauerhaften Platz gefunden), und Dlugacz' Schlachterei ist einer der ganz wenigen fiktiven Läden des *Ulysses*.

Überspringen wir deswegen die Episode und nehmen Blooms Wanderungen mit der fünften, der „Lotusesser"-Episode auf. Von der Tara Street Station aus folgen wir dem Lauf der Liffey ostwärts entlang der Kaimauer, ganz wie Bloom. „An Ladekränen entlang dem Sir John Rogerson's Quay schritt Mr. Bloom gesetzt dahin, vorbei an der Windmill Lane, an Leask's Leinsamenmühle, am Telegraphenamt. [...] Und vorüber am Seemannsheim. Er wandte sich ab von den Morgengeräuschen des Kaigeländes und ging durch die Linie Street." Das heißt, Bloom ist rechts abgebogen; und an der nächsten Ecke biegt er wieder rechts ab in die Hanover Street, dann nach 300 Metern links in die Lombard Street East. Bloom macht also Umwege, vielleicht, weil er sich nicht sicher fühlt: Er will zum Postamt Westland Row, um dort den postlagernden Brief einer zweideutigen Korrespondenzpartnerin abzuholen, die sich Martha Clifford nennt (das muß nicht ihr wahrer Name sein, denn auch Bloom schreibt ihr unter dem Pseudonym Henry Flower). Das Postamt, das nicht mehr existiert, befand sich unter den Bahnschienen und ist heute Teil der Station Westland Row; lediglich die Fassade ist noch vorhanden.

Als Bloorn wieder aus dem Postamt heraus ist, geht er die Lombard Street East bis zur nächsten Ecke zurück, wo er unverhofft auf seinen Bekannten M'Coy trifft: „Also das möcht ich doch wissen: ob er mir nachspioniert?“ Er bleibt einen Augenblick stehen, biegt dann rechts in die Brunswick Street (heute Pearse Street) ein und gleich wieder rechts in die Cumberland Street South, in deren Dunkel er Marthas Brief liest und anschließend zerreißt. Durch die „offene Hintertür“ (die heute leider verschlossen ist, wenn nicht gerade ein Gottesdienst stattfindet) tritt er in die Kirche *All Hallows* ein, verläßt sie dann nach vorn zur Westland Row, auf der er sich nach links wendet. (Wir werden soviel Glück nicht haben und gehen die Cumberland Street South bis zum Ende und dann rechts zum Lincoln Place – oder schalten hier gleich einen Abstecher durch die Denzille Lane zum noch existierenden, wenn auch stark umgebauten National Maternity Hospital in der Holles Street ein, wo die 14. Episode spielen wird.) Am Lincoln Place tritt Bloorn in die Drogerie von Sweny ein, um ein Rezept für seine Frau Molly einzulösen und sich eine Zitronenseife zu kaufen. „Ah ja, wie letztesmal. Sweny am Lincoln Place. Drogisten ziehen selten um“, denkt sich Bloom und hat mehr als recht – die Drogerie fungierte bis ins 21. Jahrhundert hinein als solche, stand dann nur kurz leer und wird heute unter dem alten Namen Sweny fortgeführt, wenn nun auch leider nicht mehr als Drogerie, sondern als Laden für Joyce-Memorabilia. Hartgesottene Joyceaner kaufen sich hier unbedingt eine Zitronenseife, auch wenn das nicht mehr die Marke von 1904 ist.

Eine knappe Stunde später, zu Beginn der sechsten, der „Hades"-Episode, steigt Bloom in eine Kutsche des Trauerzugs von Patrick Dignam ein, und zwar vor Nummer 9 in der Newbridge Avenue, durch die wir auf dem Weg vom Sandymount Strand bereits gekommen sind. Der Zug geht quer durch die Stadt bis zum Glasnevin-Friedhof weit in Dublins Norden – zu Fuß ist das natürlich nicht machbar, und wenn wir die Strecke verfolgen wollen, müssen wir schon ein Taxi nehmen oder uns auf das Wagnis einlassen, selbst ein Fahrzeug durch das Dubliner Verkehrschaos zu steuern. In jedem Fall ist Blooms Route nicht ganz einzuhalten, da ein paar Straßen inzwischen als Einbahnstraßen in die falsche Richtung verlaufen. Wer sich dennoch zum Friedhof durchschlägt, sollte sich den Weg zur Grabstelle Xf-7 weisen lassen: Dort liegt die Mutter von Joyce begraben, deren Beerdigung der einzige Anlaß ist, bei dem Joyce selbst Studienmaterial für die „Hades"-Episode gesammelt haben kann.

Wir Fußgänger lassen den Beerdigungszug besser aus und stellen auch die Episode 7, die in den Redaktionsräumen des *Freeman's Journal* spielt, noch etwas zurück. Um in die Mitte des achten Kapitels zu springen, gehen wir vom Drogisten Sweny am Gelände des Trinity College entlang durch die Nassau Street bis zur Einmündung der Grafton Street und wenden uns nach links in die Fußgängerzone dieser Haupteinkaufsstraße hinein. Das Flair der Geschäfte hier hat leider nicht mehr viel von Joyceschen Zeiten an sich; um so mehr lohnt es sich, den

Blick aufs Pflaster zu richten: Zur Feier der an topographischen Details besonders reichen achten Episode hat die Dubliner Stadtverwaltung Blooms Weg mit Tafeln markiert, die kurze Zitate tragen und in das Pflaster eingelassen sind.

Diese Tafeln und Blooms Gang führen uns durch die Grafton Street in die Duke Street, und hier offenbart sich, warum diese Episode nach den „Lästrygonen“ – homerischen Menschenfressern – benannt ist. Bloom will in Burtons Restaurant (18 Duke Street) eintreten und schreckt angewidert zurück: „Es würgte ihm die Gurgel. [...] Messer und Gabel, um alles vor sich zu vertilgen, der alte Knabe dort prokelt sich in den Zahnstummeln rum. Leichtes Hochwürgen, voll, Wiederkäuen. [...] Futtert den Stewsaft weg mit Stippbrocken Brot. Lecks doch vom Teller, Mensch! Bloß hier raus.“

Bloom sucht das Weite. „Nehm lieber im Davy Byrne einen Happen zu mir.“ Er geht eine paar Schritte zurück zum Lokal von Davy Byrne (21 Duke Street), das heute noch existiert, wenn auch leider stark umgebaut. Wer Zeit (oder Hunger) hat, sollte dennoch eintreten, denn an der Wand hängt ein Porträt von Joyce.

Nachdem Bloom ein Glas Burgunder und ein Gorgonzola-Sandwich vertilgt und sich mit ein paar Bekannten unterhalten hat, macht er sich wieder auf den Weg, und zwar durch die Dawson Street und die Molesworth Street. Als er auf die Kildare Street tritt, will er sich nach links Richtung Nationalbibliothek wenden, doch da trifft ihn ein Schock: „Strohhut im Sonnenschein. Lohfarbene Schuhe. Umgeschlagene Hosen. Das ist doch. Das ist doch.“ Bloom sieht Blazes Boylan, von dem er weiß, daß er der Liebhaber seiner Frau ist. „Sein Herz poppte weich. Nach rechts. Das Museum. Göttinnnen. Er schwenkte nach rechts.“ Bloom macht kehrt und rettet sich ins Nationalmuseum, in dessen Foyer er bei der Gelegenheit eine

Frage klären will, die ihm zuvor in den Sinn gekommen ist: ob nämlich die nackten Göttinnen dort über untere Körperöffnungen verfügen. Leider sind die betreffenden Statuen nach der irischen Unabhängigkeit von prüder staatlicher Seite entfernt worden, so daß wir heute nichts mehr nachprüfen können.

In der neunten Episode, „Scylla und Charybdis", sind wir dann doch in der Nationalbibliothek gleich nebenan und treffen Stephen Dedalus wieder, der vor einem Kreis von Dubliner Literaten seine recht eigenwillige Theorie über Shakespeares *Hamlet* ausbreitet. Erst am Ende erscheint Bloom auf der Bildfläche, um eine Provinzzeitung einzusehen, der er eine bestimmte Anzeige entnehmen möchte – er kommt aber nicht direkt mit Stephen in Berührung.

Der Besuch der Nationalbibliothek lohnt sich für uns allemal, denn der Lesesaal sieht noch genauso aus wie zu Zeiten des *Ulysses*. In dem Raum, in dem die *Hamlet*-Diskussion stattfindet, kann man heute Leseausweise beantragen und Fotokopien in Auftrag geben; außerdem ist dort eine Ehrentafel zur Erinnerung an den Bibliothekar Thomas Lyster zu sehen, der an der Diskussion im Joyceschen Roman teilnimmt.

Für Joyce-Freunde ist die Nationalbibliothek aber noch aus einem anderen Grund von Bedeutung. Während der Zeit des Zweiten Weltkriegs wurde ihr von Joyces Sekretär Paul Léon eine Fülle von Briefen und anderen Dokumenten zugeleitet, die erst 1991 – nach Ablauf einer 50jährigen Sperrfrist – zugänglich gemacht wurden. Auch dies allerdings nur zum Teil, denn dem Dichterenkel Stephen Joyce, einem Biederling von gigantischer Humorlosigkeit, der bei jeder Gelegenheit die Ehre der Familie in Gefahr sieht, wurde auf Weisung des damaligen irischen Premierministers ein Teil des Materials zur Vernichtung übergeben, und ein weiterer Teil wurde mit einer erneuten Sperrfrist versehen, die erst im Jahre 2050 endet. Immerhin 2000 der von Léon geretteten Dokumente sind aber nun in der Nationalbibliothek der Forschung zugänglich, ebenso wie diverse rare Joyce-Manuskripte, die die Bibliothek in den letzten zwei Jahrzehnten im Rahmen spektakulärer Zukäufe erwerben konnte.

Das zehnte Kapitel des *Ulysses* ist die Odyssee in der Odyssee: wiederum in 19 Teilkapitel unterteilt, präsentiert es eine Vielzahl von Figuren an den unterschiedlichsten Stellen der Stadt bei den unterschiedlichsten Verrichtungen. Wir haben nicht die geringste Chance, alle Schauplätze aufzusuchen, also halten wir uns wieder an Bloom, der als Auge des Wirbelsturms fungiert. Ihn treffen wir genau in der Mitte, im zehnten Teilkapitel dieser zehnten Episode, wie er in einem Buchkarren kramt.

Auf dem Weg dorthin holen wir praktischerweise ein paar Schauplätze nach, die wir übersprungen haben. Dafür kehren wir von der Nationalbibliothek an die Ecke Nassau Street / Grafton Street zurück, von der aus wir die zweite Hälfte der „Lästrygonen"-Episode abgewandert sind. Nun ist die noch fehlende erste Hälfte dran, und zwar rückwärts; Kurs: Westmoreland Street und O'Donnell Bridge. Auch hier gibt es ins Pflaster eingelassene *Ulysses*-Tafeln, und gleich die erste, im Kreuzungsbereich Westmoreland Street / College Corner, ist von besonderer Durchschlagskraft. Sie bezieht sich auf das Denkmal für Thomas Moore, den Autor des berühmten Gedichts vom „Treffpunkt der Wasser", und die Bedürfnisanstalt gleich daneben. Bloom geht „unter Tommy Moores spitzbübischem Finger her über die Straße. Ganz richtig, daß die ihn da über einem Pissoir angebracht haben: Treffpunkt der Wasser".

Über die Liffey hinweg gelangen wir in die O'Connell Street, die zu Zeiten des *Ulysses* noch Sackville Street hieß. Die dritte Straße links ist die Prince's Street; in

Nummer 4-8 befanden sich 1904 die Büros des *Freeman's Journal*, in dem Bloom angestellt war. Das Gebäude wird inzwischen leider anderweitig genutzt, so daß wir auf die Atmosphäre der Zeitungsredaktion verzichten müssen.

In der „Aelos"-Episode tritt Bloom von der Prince's Street ein, verläßt das Gebäude auf der anderen Seite zur Abbey Street (da wir schlecht durchs Gebäude gehen können, müssen wir einmal um den Block herum) und geht hinunter zur William's Row (heute Bachelor's Walk) an der Liffey, wo er im Auktionärshaus von Dillon (Nummer 25; in Billardräume umgewandelt) vorspricht.

Von dort kehrt Bloom zum Redaktionsgebäude zurück, doch wir wandern am Bachelor's Walk weiter Richtung Westen bis zur Ha'penny Bridge, die uns über die Liffey führt. Genau gegenüber der Brücke, am Merchants' Arch, kramt Bloom in Kapitel 10 in den Grabbelkisten eines Buchhändlers mit Leihbücherei. „Ich nehme dies hier. [...] *Süße der Sünde*, sagte er und klopfte drauf. Das ist was Gutes." Den Laden gab es vor nicht allzu langer Zeit noch (nun unter dem Namen Ha'penny Bridge Books), inzwischen ist er wie so vieles in Dublin den veränderten Zeiten zum Opfer gefallen. Als Ersatz bietet sich der Winding Stair Bookshop unweit des gegenüberliegenden Brückenendes an, doch sollte man sich nicht einbilden, hier oder in irgendeinem anderen örtlichen Buchladen *Sweets of Sin* zu finden: Das Feld ist abgegrast in Dublin, was rares Joyce-Material betrifft.

Die nächste Episode, „Sirenen", spielt im Ormond Hotel am Nordufer der Liffey, dessen Gebäude noch existiert, wenn es auch umgebaut wurde, seit 2006 leer steht und nun dem Abriß entgegendämmert: Nummer 8 am Upper Ormond Quay. Der Weg dorthin führt Bloom zunächst den Wellington Quay entlang – „An Bassis gebenedeiten Jungfrauen wanderten Blooms dunkle Augen vorbei." Der religiöse Laden von A. Bassi & Co. stand bis vor nicht allzu langer Zeit noch (Wellington Quay 14), ist aber inzwischen auch Geschichte.

Nach rechts geht's über die Capel Street Bridge, dann gleich wieder links: „Hallo. Wohin so eilig? Was essen? Wollt ich grade auch. Hier rein. Was, Ormond? Was Besseres nicht in ganz Dublin. Tatsächlich? Speiseraum. Da sitzt man prächtig. Sieht, aber wird nicht gesehen." Dies ist in der Tat von Vorteil für Bloom, denn auch Blazes Boylan taucht im Ormond auf; Bloom versucht, ihn zu belauschen, will sich aber nicht entdecken lassen.

Nachdem Boylan verschwunden ist (mit einem Pferdewagen zu Molly!), macht sich auch Bloorn wieder auf. Er will zunächst zum nahegelegenen Postamt (Nummer 34 am Upper Ormond Quay) und dann durch Charles Street, Greek Street, Mary's Lane und Green Street zum dortigen Gerichtshof (Nummer 26), den es heute noch gibt und den man inzwischen auch wieder einfacher betreten kann, nachdem für die bis 2010 hier verhandelten Fälle mit besonderen Sicherheitsmaßnahmen (darunter auch Prozesse gegen IRA-Angehörige) anderswo ein neues Gerichtsgebäude errichtet wurde.

Aber auch Bloom kommt in der zwölften Episode im Gericht, wo er sich für fünf Uhr mit zwei Bekannten verabredet hat, zunächst zu nichts, da die beiden noch nicht da sind. Bloom geht in der Little Britain Street ein wenig auf und ab, wird in den dort gelegenen Pub von Barney Kiernan (Nummer 8-10; leider inzwischen abgerissen) gebeten und gerät dort trotz seiner Vorsicht und Zurückhaltung in Streit mit einem einäugigen Nationalisten (dies ist die „Zyklopen"-Episode). Schließlich vertreibt der Nationalist Bloom, der entsetzt flieht: „Und dann sehn wir bloß noch, wie die verdammte Kutsche um die Ecke saust und Old Schafsgesicht obendrauf am fuchteln ist und der verdammte Köter haste was kannste hinterher mit angelegten Ohren, um ihm sämtliche Knochen aus den Fugen zu reißen."

Bloom war zum Gerichtshof gegangen, um den Nachlaß von Paddy Dignam regeln zu helfen, und nun fährt er zum Hause der Dignams und leistet dort Beistand – doch das wird im Verlauf des *Ulysses* ausgespart. In „Nausikaa", der dreizehnten Episode, treffen wir Bloom am Strand von Sandymount – den Schauplatz haben wir bereits inspiziert.

Auch den Schauplatz der vierzehnten Episode, die Gebärklinik in der Holles Street – „Deshil Holles Eamus. [...] Hopsa, ein Jungeinjung, hopsa!" –, sollten wir tunlichst schon auf dem Weg zu Drogist Sweny besucht haben, wenn sie uns interessiert, denn nun ist sie uns allzu abgelegen. In das Krankenhaus treibt Bloom wieder seine Menschenfreundlichkeit, denn er hat Mitleid mit der armen Mina Purefoy, die mit einer schweren Geburt zu tun hat. Während sie in den Wehen liegt (und Joyce das Wachstum der englischen Sprache von den Anfängen bis zum modernen Slang nachahmt), trifft Bloom auf einen Haufen zechender Medizinstudenten, darunter Buck Mulligan und auch Stephen Dedalus, dessen sich Bloom annehmen zu müssen meint. Als die Gruppe aufbricht, folgt Bloom deshalb diskret. Sie gehen zunächst (nach einem Abstecher in einen nicht mehr existierenden Pub) zur Bahnstation Westland Row (heute Pearse Street Station) fahren dann zwei Stationen weiter zur Amiens Street Station (heute Connolly Station) und machen sich auf ins Bordellviertel. Dort wollen wir ihre Spuren wieder aufnehmen.

Von jener Stelle in der Little Britain Street, an der Bloom aus dem verschwundenen Pub von Barney Kiernan geflohen ist, gehen wir bis zur nächsten Durchgangsstraße, der Capel Street; wir biegen rechts ab und bei nächster Gelegenheit links in die Mary Street. Wir brauchen jetzt immer nur geradeaus zu gehen, über die O'Connell Street und die Gardiner Street hinaus, bis unsere Straße (inzwischen sind wir in der Talbot Street) von der Corporation Street (zu Joyces Zeiten hieß sie Mabbot Street) gekreuzt wird. Die Ecke linker Hand ist die Stelle, an der die fünfzehnte *Ulysses*-Episode, „Circe", einsetzt: „Mabbot Street, Eingang zur Nachtstadt, vor dem sich ein ungepflasterter Straßenbahnausweichplatz mit skelettigen Geleisen, roten und grünen Irrlichtern und Gefahrensignalen erstreckt. Reihen kulissenhafter Häuser mit klaffenden Türen. Vereinzelt Laternen mit blassen regenbogenbunten Lichtfächern." Heruntergekommen ist die Gegend heute noch, auch wenn die meisten Gebäude neueren Datums sind.

Die Bezeichnung „Nachtstadt" für die Bordellgegend ist Joycesche Erfindung; allgemein nannte man die Gegend Monto, abgeleitet von Montgomery Street, die heute umbenannt ist in Foley Street – wie überhaupt fast alle Straßen hier neue Namen tragen, wohl um die Erinnerung an das unschickliche Gewerbe zu tilgen. 1925, drei Jahre nach der irischen Unabhängigkeit, wurden die Bordelle von der Polizei gestürmt und geschlossen, die Prostituierten festgenommen. Die offizielle Begründung, die Bordelle seien nur für die britischen Besatzungstruppen dagewesen und nunmehr entbehrlich, war in sich gewiß logisch, aber wohl doch unrealistisch.

Einer der schärfsten Kritiker der Schließung der Bordelle war übrigens Oliver St. John Gogarty, der 1904 mit Joyce hier herumgezogen war und dem künftigen *Ulysses*-Autor einen allerliebsten Limerick auf den Leib dichtete.

Es ist da ein Mann, Jimmy Joycechen,
Der macht nur ganz selten ein Päuschen.
Er geht in den Puff
Und pfeift sich was druff,
Die Nutten sind schier aus dem Häuschen.

Einige der Prostituierten aus diesen Straßen brachten es zu einiger Berühmtheit in der inoffiziellen Folklore, so etwa Becky Cooper, die Gegenstand manchen Lobgedichts war und zwar nicht bei Joyce, wohl aber im lyrischen Werk von Samuel Beckett auftaucht.

Bloom kommt, Stephen und dessen Saufkumpanen auf den Fersen, die Talbot Street aus der uns entgegengesetzten Richtung herab und verschwindet kurz „im Laden des Schweinemetzgers Olhausen, unter den eben niedergehenden Rolläden. Wenige Augenblicke später taucht er unter der Jalousie wieder auf, der pustende Poldy, der blasende Bloohoom. In jeder Hand trägt er ein Paket; das eine enthält einen lauwarmen Schweinefuß, das andere einen kalten Schafsfuß, mit Pfeffer bestreut". Schlachter Olhausen hat mehr als ein Jahrhundert lang seinen Standort erhalten können: Nummer 72 in der Talbot Street. Ende 2012 allerdings mußte auch Olhausen schließen.

Bloom biegt in die heutige Corporation Street ein und von dort rechts in die Tyrone Street (heute Railway Street), wo sich in Nummer 82 (von Joyce in 81 umnumeriert) das Bordell von Bella Cohen befand – es ist heute naturgemäß nicht mehr zu finden. Hier, bei Bella Cohen, spielt der größte Teil der „Circe"-Episode, angedickt mit Wahnvorstellungen und visualisierten Traumbruchstücken – eine 150seitige Walpurgisnacht aus Sprache. Kurz vor ein Uhr nachts kommt Stephen aus dem Bordell herausgestürmt, läuft die heutige Railway Street Richtung Westen entlang und wird an der Ecke der Beaver Street im Streit mit zwei englischen Soldaten niedergeschlagen. Es kann niemandem geraten werden, an dieser Straßenecke lange herumzulungern, es sei denn, man möchte Stephens Schicksal selbst erleiden – dies ist zu später Stunde immer noch keine sonderlich sichere Gegend.

Aber Stephen hat seinen Samariter, eben Bloom, der ihn aufliest und im sechzehnten Kapitel, der „Eumäus"-Episode, mit ihm zur Kutscherkneipe unter den Bahngleisen am Beresford Place geht, die leider nicht mehr existiert. Die Wegstrecke: Beaver Street, am Ende links und gleich wieder rechts in die Amiens Street, vor dem heutigen Busbahnhof rechts in die Store Street und gleich wieder links zum Beresford Place. „So gingen sie denn bei Mullet und dem Signal House, das sie rasch erreichten, schräg hinüber und schritten rüstig weiter aus, in Richtung auf den Bahnhof Amiens Street zu, wobei Mr. Bloom jedoch durch den Umstand behindert war, daß einer seiner hinteren Hosenknöpfe, um ein altehrwürdiges Sprichwort zu variieren, den Weg aller Knöpfe gegangen war, obschon er, nachdem der das Mißgeschick in gründlicher Weise geistig durchdacht hatte, dasselbe nicht weiter tragisch nahm."

Der erwähnte Pub von Mullet existiert heute noch (Nummer 45 in der Amiens Street), ebenso wie die im Text auftauchende städtische Leichenhalle (Nummer 2-4); noch vorhanden ist das North Star Hotel (Nummer 26-30), und das erwähnte Signal House heißt inzwischen Cleary's Pub (Nummer 36).

Nach dem orgiastischen „Circe"-Kapitel ist die „Eumäus"-Episode ganz und gar Erschlaffung; Joyce hat es in einem gewollt hölzernen, langatmigen Stil geschrieben, und ebenso langatmig sind die durchsichtigen Lügengeschichten, die Stephen und Bloom in der Kutscherkneipe von einem Seemann namens Murphy aufgetischt bekommen. In Ermangelung der Kutscherkneipe geben wir uns unserer eigenen Erschlaffung am besten auf den Bänken rund um das benachbarte Zollhaus hin, bevor wir uns überlegen, wohin wir als nächsten spazieren.

Falls wir uns die Enttäuschung über das verschwundene Wohnhaus Blooms nicht ersparen wollen, können wir, wie die beiden Helden es spätnachts tun, zur Eccles Street aufbrechen. Den Weg beschreibt die siebzehnte *Ulysses*-

Episode, „Ithaka", ganz penibel: „Gemeinsam in normalem Spazierschritt vom Beresford Place aufgebrochen, gingen sie in der genannten Reihenfolge durch die untere und mittlere Gardiner Street und über den Mountjoy Square West: dann, in verlangsarntem Schritt, indem sie sich beide nach links wandten, über den Gardiner's Place aus Unachtsamkeit bis zur entfernteren Ecke Temple Street North: dann, in verlangsamtem Schritt, mit Unterbrechungen des Anhaltens, rechts gewandt, durch die Temple Street North bis zum Hardwicke Place. Als sie sich diesem, disparat, genähert hatten, überquerten sie beide in entspanntem Spazierschritt den Rundplatz vor der George's Church, und zwar diametral, da die Sehne des Kreises stets kürzer ist als der zugehörige Kreisbogen." Stephen wird sich von Bloom mit einem Kakao bewirten lassen, doch das Angebot eines Schlafplatzes wird er ausschlagen: Es geht schon auf drei Uhr, als er in die Nacht hinaustritt und mit unbekanntem Ziel verschwindet.

Der beste Vorteil des nächtlichen Weges von Bloom und Stephen für uns ist, daß er nah an der North Great George's Street vorbeiführt, zu der ein Abstecher in der Tat lohnt: Dort in der Nummer 35 hat nicht nur die *Ulysses*-Nebenfigur Denis J. Maginni einen Tanzsaal gemietet, sondern dort befindet sich seit den 1990er Jahren das schöne James Joyce Cultural Centre, begründet vom inzwischen verstorbenen Ken Monaghan, einem Neffen von Joyce. Monaghan war ein so herzensfreundlicher Mensch, daß man ihm seine Verwandtschaft gar nicht glauben wollte (zumal dann nicht, wenn man den Joyce-Enkel Stephen kennt), was natürlich ein Grund mehr ist, diesem Haus einen Besuch abzustatten – für den man sich freilich Zeit mitbringen sollte, so daß wir diesen Stadtgang auf einen eigenen Tag verschieben. Im Gegensatz zu Stephen und Bloom begeben wir uns vom Beresford Place zur nächstgelegenen DART-Station, der Tara Street

Station, und fahren so weit es geht nach Norden, dem denkbar schönsten Ausklang der *Ulysses*-Wanderung entgegen.

Die letzte *Ulysses*-Episode, „Penelope“, ist ein einziger riesiger innerer Monolog der einschlafenden Molly Bloom. Ihre Gedanken schweifen auf eine Weise umher, mit der wir schon beim Lesen kaum schritthalten können; von ihrem Mann kommt sie auf Blazes Boylan und auf frühere Liebhaber, denkt zurück an Begebenheiten in und um Dublin, aber auch in Gibraltar, wo sie aufwuchs – doch am Ende kehrt sie zu Bloorn zurück und zu einer romantischen Szene, die sich auf dem Hügel von Howth abspielte: „die Sonne die scheint für dich allein hat er damals gesagt an dem Tag wo wir unter den Rhododendren lagen oben auf Howth in dem grauen Tweedanzug und mit dem Strohhut an dem Tag wo ich ihn so weit kriegte daß er mir den Antrag gemacht hat ja zuerst hab ich ihm ein bißchen von dem Mohnkuchen aus meinem Mund gegeben und es war ein Schaltjahr wie jetzt ja vor 16 Jahren mein Gott nach dem langen Kuß ist mir fast die Luft ausgegangen“ – und so weiter ohne Punkt und Komma.

Die DART-Strecke endet am Hafen der Halbinsel Howth. Von dort ist es nicht weit bis zu den Gärten von Howth Castle, die noch heute einen mehr als üppigen Rhododendronbestand aufweisen – nirgendwo außerhalb des Himalayas und Chinas gibt es, einen größeren. Dies ist der ideale Ort, um das Ende des *Ulysses* zu lesen, die Bejahung des Lebens: „ja wie er mich geküßt hat unter der maurischen Mauer und ich hab gedacht na schön er so gut wie jeder andere und hab ihn mit den Augen gebeten er soll doch noch mal fragen ja und dann hat er mich gefragt ob ich will ja sag ja meine Bergblume und ich hab ihm zuerst die Arme um den Hals gelegt und ihn zu mir niedergezogen daß er meine Brüste fühlen konnte wie sie dufteten ja und das Herz ging ihm wie verrückt und ich hab ja gesagt ja ich will Ja."

Vom Ben of Howth, dem höchsten Punkt der Halbinsel, geht der Blick weit über die Bucht von Dublin bis hinüber nach Sandycove, wo unsere Stadtwanderung begann. Von hier oben haben wir den ganzen Stadtraum im Blick; von hier oben können wir aber auch einen Blick voran werfen auf den letzten Roman von James Joyce, das vertrackte *Finnegans Wake* mit den Anfangszeilen, die dem Lauf der Liffey folgen: „Flußgefließe, schleunigst Ev' und Adam passiert, vom Strandgestreun zum Buchtgebeug, führt uns im commundiösen Wickelwirken des Rezirkulierens zurück zur Burg von Howth con Entourage."

Aber *Finnegans Wake* läßt sich nicht mehr auf den Straßen Dublins verfolgen, sondern nur noch – und auch das unter Schwierigkeiten – im Lesesessel. *Finnegans Wake* spielt nicht mehr in der Topographie der Außenwelt, sondern ganz im Kopf eines Träumers, in dem sich die Orte und die Zeiten und die Themen vermengen. Hier enden alle Möglichkeiten des Nachwanderns, und den fruchtbaren Irrglauben, Literatur ließe sich problemlos zum Reiseführer degradieren, müssen wir endgültig aufgeben.

*

Die Stadtwanderung auf den Spuren der Joyceschen Helden, wie sie hier entworfen wurde, summiert sich auf insgesamt etwa 20 Kilometer reiner Fußdistanz; hinzu kommen die Strecken mit der DART-Bahn und natürlich die Pausen für Besichtigungen, zum Essen und Trinken oder einfach zum Ausruhen. Einen kompletten Tag sollte man sich doch dafür Zeit nehmen.

Zwei detaillierte Führer zu den Stätten des *Ulysses* (beide allerdings schon älteren Datums und deshalb heute nur noch mit Einschränkung zu benutzen) liegen in Buchform vor: Jack McCarthy with Danis Rose, *Joyce's Dublin. A Walking Guide to Ulysses* (Dublin: Wolfhound Press 1988). – Robert Nicholson,

The Ulysses Guide. Tours through Joyce's Dublin (London: Methuen 1988, letzte Neuausgabe Dublin: New Island 2019).
Von mehreren existierenden Bildbänden zum Thema ist einer auch in deutscher Sprache erschienen: Alain Le Garsmeur / Bernard McCabe, *James Joyce: Irland* (München: Nymphenburger 1994).
Einen Führer zu den von Joyce selbst bewohnten Häusern schrieb Vivien Igoe, *James Joyce's Dublin Houses* (London: Mandarin 1990); letzte Neuausgabe unter dem Titel *James Joyce's Dublin Houses & Nora Barnacle's Galway* (Dublin: Lilliput Press 2007).

Ein Porträt des Künstlers als italienischer Journalist

Unter allerlei Klagen über Irland verließ James Joyce gemeinsam mit seiner Gefährtin Nora Barnacle im Oktober 1904 endgültig seine Heimatinsel. Von seinen Landsleuten fühlte er sich mißachtet, mißverstanden und vielfach hintergangen; Aussichten auf eine Karriere als ambitionierter Schriftsteller sah er in Irland nicht. Aber auch in der Adriastadt Triest, wo er mit seiner bald wachsenden Familie die nächsten Jahre verbrachte, kam er als Künstler zunächst nicht voran und mußte sich sein Auskommen mühsam als Sprachlehrer an der örtlichen Berlitz-Schule suchen. An der Verachtung für die irische Heimat änderte das zunächst wenig, wie sich auch an den Texten zeigt, an denen Joyce in dieser Zeit arbeitete. Der schon in Dublin begonnene autobiographische Roman *Stephen Hero*, den Joyce unter Schwierigkeiten fortführte und schließlich aufgab, war nicht zuletzt eine Generalabrechnung mit der eigenen Herkunft und diversen Personen und Institutionen, mit denen Joyce in seiner Jugend zu tun gehabt hatte, und der Erzählungsband *Dubliner*, für den Joyce in Triest die meisten Texte schrieb, sollte vornehmlich die allgemeine Erstarrung in der irischen Hauptstadt schildern.

Ende Juli 1906 zieht Joyce in der verzweifelten Hoffnung auf eine bessere wirtschaftliche Basis nach Rom, wo er einen Posten an einer Bank angenommen hat. Rom gefällt ihm allerdings gar nicht, zudem hat er die Lebenshaltungskosten dort falsch eingeschätzt und gerät finanziell vom Regen in die Traufe. Er vermißt die Cafés von Triest und seine dortigen Bekannten, und eines diffusen Heimwehs wegen, das ihn in Rom überfällt, beginnt er damit, irische Zeitungen zu lesen und die irische Heimat in einem freundlicheren Licht zu sehen: „Ich hätte gern einen Stadtplan von Dublin an der Wand. Ich glaube, ich werde allmählich so etwas wie ein Besessener.“[1] Diese neue Besessenheit für alles Irische mildert die Schärfe seines früheren Urteils:

> Wenn ich manchmal an Irland denke, will es mir scheinen, als wäre ich unnötig streng gewesen. Ich habe (in *Dubliners* wenigstens) nichts, was an der Stadt anziehend ist, gestaltet, und habe mich doch, seit ich sie verließ, außer in Paris in keiner anderen Stadt wohlgefühlt. Ich habe ihre freimütige Insularität und ihre Gastfreundschaft nicht gestaltet. Die letztgenannte ‚Tugend‘ gibt es, soweit ich sehe, nirgends sonst in Europa.[2]

Auch die Tatsache, daß Joyce in Rom sowohl einen Sozialistenkongreß als auch das Wirken des Vatikans hautnah miterlebt, veranlaßt ihn, seine irische Heimat, deren erfolgloses Streben nach Unabhängigkeit von der britischen Kolonialmacht nie ernsthaft seine Sache gewesen war, mit etwas anderen Augen zu sehen. Die fatale Rolle der katholischen Kirche wird ihm klarer denn je, und bewußter denn je nimmt er wahr, daß das Heil nicht im Nationalismus liegen kann: „Wogegen ich [...] am heftigsten bin, ist das Bestreben, das irische Volk nach dem alten Schmus von Rassenhaß erziehen zu wollen, während doch jeder sehen kann, daß die irische Frage, wenn es überhaupt eine gibt, in erster Linie eine Frage ist, die das irische Proletariat betrifft.“[3] Joyce neigt in dieser

---

[1] James Joyce, *Briefe I*, hg. v. Richard Ellmann, üb. v. Kurt Heinrich Hansen (Frankfurt a.M.: Suhrkamp 1969), S. 348 (an Stanislaus Joyce, 6.11.06).

[2] Ebd., S. 317 (an Stanislaus Joyce, 25.9.06).

[3] Ebd., S. 318 f.

Zeit zu sozialistischen Ideen, und unter den Zeitungen, die er regelmäßig liest, sticht der *Sinn Féin* hervor, das Organ der Ende November 1905 in Dublin von Arthur Griffith gegründeten gleichnamigen Partei. Joyce wird zum Sympathisanten des auf Gewaltfreiheit setzenden Griffith, dem als politisches Ziel ein anglo-irisches Königreich mit einem gemeinsamen Monarchen, aber getrennten Regierungen nach dem Muster der Doppelmonarchie Österreich-Ungarn vorschwebt. Mit der Realität dieser Doppelmonarchie ist Joyce bestens vertraut, gehört doch die multikulturelle Hafenstadt Triest (wiewohl ethnisch und sprachlich vor allem italienisch geprägt) politisch zu Österreich-Ungarn.

Im März 1907 kündigt Joyce frustriert seine Stelle in Rom und kehrt mit dem Sohn Giorgio und der zum zweiten Mal schwangeren Nora völlig mittellos nach Triest zurück. Seine alte Stelle bei der Berlitz-Schule erhält er zurück, kündigt sie aber bald und lebt nun vor allem von Privatstunden als Sprachlehrer, immer auf der Suche nach zusätzlichen Einnahmequellen. Einer seiner Schüler, Roberto Prezioso, vermittelt ihm die Möglichkeit, Vorträge an der italienischsprachigen Volkshochschule zu halten. Als erstes referiert Joyce dort am 27. April 1907 über „L'Irlanda: Isola dei Santi e dei Savi" („Irland: Insel der Heiligen und der Weisen"); es folgen Vorträge über den irischen Lyriker James Clarence Mangan (1803-49) und über die zeitgenössische Wiedererweckungsbewegung der irischen Literatur (über die Joyce zuvor stets die Nase gerümpft hatte). Vor allem aber ist Prezioso Herausgeber der Zeitung *Il Piccolo della Sera*, des Sprachrohrs der italienischen Nationalisten in Triest, und er fordert Joyce auf, Artikel über Irland für das Blatt zu schreiben. Joyce kommt der Bitte nach und stimmt seine Themen auf die politische Ausrichtung und das Publikum der Zeitung ab. So entsteht als erstes der am 22. März gedruckte Artikel „Il Fenianismo: L'ultimo Feniano", der eine kritisch-nostalgische Sicht auf den irischen Unabhängigskeitskampf bringt; im Mai und im September folgen „Home Rule maggiorenne" über die seit Jahrzehnten verschleppten Versuche, Irland zumindest eine Teilautonomie zu gewähren, und „L'Irlanda alla sbarra" über einen bereits 25 Jahre zuvor unter skandalösen Umständen über die Bühne gegangenen Mordprozeß als Beispiel für die Unrechtsjustiz der englischen Besatzer. In diesen Artikeln klagt Joyce einerseits den britischen Kolonialismus an, spart andererseits aber nicht mit Kritik an den Fehlern und Unzulänglichkeiten irischer Politiker und Rebellen. Parallelen zur Situation Triests in der österreichisch-ungarischen Doppelmonarchie zieht er nicht explizit, sie müssen sich für seine Leserschaft aber aufgedrängt haben.

Insbesondere in „L'Irlanda alla sbarra" geht es Joyce darum, Vorurteile über die Iren zurechtzurücken, die infolge der aus Irland periodisch gemeldeten Aufstände und Gewalttaten weitverbreitet sind, zumal die internationale Berichterstattung in Ermangelung eigener Quellen meist aus dem Nachdruck britischer Zeitungsmeldungen besteht. Nicht umsonst erwähnt Joyce am Ende seines Artikels Belfast, das aufgrund der im Norden der irischen Insel herrschenden ethnischen und konfessionellen Parität zwischen den Lagern schon damals als besonderer Brennpunkt gilt. Selbst der amerikanische Romancier und Humorist Mark Twain hatte die Situation dort vierzig Jahre vor Joyce zum Thema eines allerdings satirischen Artikels gemacht:

„Parteiengeschrei" in Irland (1867)[4]

Belfast ist eine ganz besonders religiöse Gemeinde. Eigentlich kann man das vom ganzen Norden Irlands sagen. Ungefähr die Hälfte der Leute sind Protestanten und die andere Hälfte Katholiken. Jede der beiden Parteien unternimmt alles Menschenmögliche, um die eigenen Glaubensdoktrinen zu verbreiten und sich der Zuneigung der Glaubenslosen zu versichern. Unablässig hört man von den anrührendsten Beispielen dieses Eifers. Vor einer Woche versammelte sich in Armagh eine riesige Menschenmenge katholischen Glaubens, um eine neue Kathedrale zu weihen; und als alle nach Hause aufbrachen, stand ein Spalier aus frommen und demütigen Protestanten an den Straßen und Wegen, von welchen sie nach Kräften gesteinigt wurden, bis die ganze Gegend mit Blutspuren übersät war. Ich dachte immer, nur Katholiken würden ihre Argumente auf diese Weise vorbringen, aber das scheint ein Irrtum zu sein.

Jeder einzelne in der Gemeinde ist ein Missionar und trägt stets einen Ziegelstein bei sich, um den Irrenden damit Bescheid zu tun. Der Gesetzgeber hat Schritte unternommen, derlei Praxis zu verhindern, freilich nur mit mäßigem Erfolg. Es wurde verkündet, gegen störendes „Parteiengeschrei" werde man hart durchgreifen, und wer immer solches ausstoße, werde mit einer Geldbuße von vierzig Shilling zuzüglich Verfahrenskosten belegt. Also kann man Tag für Tag in den Polizeimeldungen und Gerichtsnachrichten lesen, wieviele solcher Geldbußen verhängt wurden. Letzte Woche wurde ein zwölfjähriges Mädchen mit der

---

4 Mark Twain, „‚Parteiengeschrei' in Irland (1867)", üb. v. Friedhelm Rathjen, in: *irland journal* 20.2 (2009), S. 82.

üblichen Buße von vierzig Shilling plus Kosten belegt, weil sie auf einer öffentlichen Straße verkündet hatte, sie sei „protestantischen Glaubens". Üblicherweise kommt solches Geschrei mit dem Wortlaut „Zur Hölle mit dem Papst!" oder „Zur Hölle mit den Protestanten!" daher, je nachdem, welchem Heilssystem derjenige, der es ausstößt, anhängt.

Einer der Witze, die man sich in Belfast erzählt, ist ziemlich gut. Er bezieht sich auf die unveränderliche und unausweichliche Geldbuße von vierzig Shilling plus Verfahrenskosten für Parteiengeschrei – was für einen armen Mann übrigens alles andere als eine billige Angelegenheit ist. Ein Polizist, so heißt es, habe irgendwo in einer dunklen Gasse einen Betrunkenen gefunden, der auf dem Boden herumlag und sich köstlich damit amüsierte, daß er unablässig schrie: „Zur Hölle mit! Zur Hölle mit!" Der Polizist witterte eine Geldbuße – wer etwas meldet, kriegt nämlich zur Belohnung die Hälfte ab.

„Was sagst du da?"

„Zur Hölle mit!"

„Zur Hölle mit wem? Zur Hölle mit was?"

„Och, Grundgütiger, den Schluß fügen Sie mal selbst hinzu – mir ist das zu teuer!"

Eine Neigung zur Aufrührerei, die vom ökonomischen Instinkt in Zaum gehalten wird – ich glaube, die kommt hierin ganz trefflich zum Ausdruck.

Die Karriere von James Joyce als politischer Berichterstatter des *Piccolo della Sera* endet nach den drei Artikeln zunächst wieder. Erst im März 1909 erscheint wieder etwas von ihm im Blatt, und diesmal geht es vornehmlich um Literatur, nicht um Politik. Anläßlich einer Aufführung der Richard-Strauss-Oper *Salome*, die auf dem gleichnamigen Schauspiel von Oscar Wilde basiert, schreibt Joyce unter dem Titel „Oscarre Wilde: il poeta di «Salomè»“ eine knappe Zusammenfassung der Karriere Wildes, die darum bemüht ist, Wilde mit irischen Traditionen zu verknüpfen, den Schriftsteller aber nur andeutungsweise als Opfer der englischen Gesellschaft darstellt.

In diesem Jahr 1909 ist Joyce mehrmals in Irland, um seinen Erzählungsband *Dubliner* publiziert zu bekommen (was scheitert), das erste Kino in Dublin zu eröffnen (das kurz darauf in Konkurs geht) und verschiedene Karriere- und Verdienstoptionen zu prüfen (aus denen allesamt nichts wird); zum Zweck dieser Reisen läßt Joyce sich Visitenkarten drucken, die ihn als Journalisten des *Piccolo della Sera* ausweisen, und mit diesen Visitenkarten schnorrt er sich bei verschiedenen Bahngesellschaften Freibillets. Während der ersten der Reisen erlebt Joyce am 25. August in Dublin die Premiere von George Bernard Shaws von der Zensur bedrohtem Stück *Blanco Posnets Erweckung* und schreibt über die Umstände der Aufführung einen Artikel, den er von Dublin aus an den *Piccolo della Sera* schickt, wo er am 5. September unter dem Titel „La battaglia fra Bernard Shaw e la censura“ erscheint. Auch in diesem Artikel spielen politische Zusammenhänge allenfalls eine Nebenrolle; Joyce fertigt in erster Linie eine Kritik des Shaw-Stücks, das er für mißlungen hält.

Erst im Dezember 1910 kommt es aus Anlaß der aktuellen politischen Entwicklung (in Großbritannien gibt es Parlamentsneuwahlen, die mit dem anhaltenden Ringen um irische Selbstbestimmung in Zusammenhang stehen) zum nächsten Joyceschen Artikel für den *Piccolo della Sera*, „La Cometa dell’ «Home Rule»“. Joyce versucht, die aktuelle Lage zu analysieren, kommt aber allenfalls zu verhalten optimistischen Schlüssen; seine Analyse folgt weitgehend den Einschätzungen, die Arthur Griffith in Artikeln seiner Parteizeitung *Sinn Féin* artikuliert. Joyce selbst steckt zu dieser Zeit in einer persönlichen und schriftstellerischen Krise, kommt mit seinem Roman *Ein Porträt des Künstlers als junger Mann* (einer Neufassung des Stoffs aus dem lange aufgegebenen Projekt *Stephen Hero*) nicht weiter und spielt zeitweilig mit dem Gedanken, die Schriftstellerei ganz aufzugeben.

Im März 1912 hält Joyce in der Volkshochschule in Triest Vorträge über Daniel Defoe und William Blake unter dem Titel „Verismo ed idealismo nella letteratura inglese" („Realismus und Idealismus in der englischen Literatur"); im April unterzieht er sich in Padua der Prüfung fürs Lehrerdiplom, schreibt dafür Prüfungsaufsätze über Charles Dickens und „L'influenza letteraria universale del rinascimento" („Der universelle literarische Einfluß der Renaissance"), wird aber am Ende aus bürokratischen Gründen nicht zugelassen. Als ebenfalls im April 1912 eine dritte „Home-Rule"-Gesetzesvorlage ins britische Parlament eingebracht wird, die nun endlich die ersehnte irische Teilautonomie zu bringen verspricht (ein Trugschluß, wie sich sehr viel später zeigt), wird Joyce noch einmal als politischer Kommentator für *Il Piccolo della Sera* tätig und schreibt den Artikel „L'ombra di Parnell", der am 16. Mai erscheint und zeigt, daß Joyce an jener Begeisterung für den gescheiterten irischen Politiker Charles Stewart Parnell festhält, die ihm sein Vater schon in jungen Jahren eingeimpft hat. Nicht zufällig ist das Schicksal Parnells auch Thema in einer Szene des Romans *Ein Porträt des Künstlers als junger Mann*, der zu dieser Zeit noch immer nur halbfertig ist.

Im Sommer 1912 schickt Joyce Nora und die Tochter Lucia zur Erholung in den irischen Westen, nämlich in Noras Heimatstadt Galway; auf der Durchreise soll Nora in Dublin auf die Veröffentlichung der *Dubliner* drängen. Da Joyce selbst sofort nach Abreise seiner Frau von Heimweh geplagt wird, reist er ihr zusammen mit dem

Sohn sogleich nach, und die ganze Familie verbringt einen mehrwöchigen Urlaub in Galway; es ist das letzte Mal überhaupt, daß Joyce seinen Fuß auf irischen Boden setzt. Gesundheitlich geht es dem sonst immer recht labilen Joyce prächtig, er rudert, macht mit Nora Ausflüge mit dem Fahrrad und dem Postdampfer ins ländliche Hinterland Galways und auf die Aran-Inseln, und um an seinen Ferien auch etwas zu verdienen, schreibt er für den *Piccolo della Sera* zwei Artikel über Galway und die Aran-Inseln: „La città delle tribù" und „Il miraggio del pescatore di Aran". In beiden Artikeln betont er die alten Verbindungen des irischen Westens mit Südeuropa, um sie für seine Leserschaft in Triest interessanter zu machen. Joyce beabsichtigt, noch einen dritten solchen Artikel zu schreiben, nämlich über den italienischen Funkpionier Guglielmo Marconi, der im Moor bei Clifden im äußersten Westen die erste transatlantische Funkstation aufgebaut hat, doch just an dem Tag, als Joyce (vermutlich mit der Bahn) von Galway durchs ländliche Connemara nach Clifden fährt, um Marconi zu interviewen, ist dieser auswärtig auf Dienstreise, und aus dem journalistischen Schreibvorhaben wird nichts.

Überhaupt endet der Urlaub unerquicklich, da der Dubliner Verleger Maunsel sich schließlich weigert, die *Dubliner* herauszubringen. Frustriert kehrt Joyce Irland für immer den Rücken und reist mit seiner Familie nach Triest zurück. Die irische Wirklichkeit ist damit für Joyce ein abgeschlossenes Kapitel; auch Artikel für den *Piccolo della Sera* über die „irische Frage" wird er fortan nicht mehr schreiben.

Aber die in den Jahren 1907 bis 1912 für die Zeitung geschriebenen Texte scheinen ihm doch wichtig zu sein. Bei seinem letzten Irlandaufenthalt 1912 hält er dem Vorwurf, er habe sich in den *Dubliner*-Erzählungen und auch sonst nicht für das Wohl seines Landes eingesetzt, entgegen, „er sei wahrscheinlich der einzige Ire, der Leitartikel für die italienische Presse schreibe und daß alle seine Artikel in *Il Piccolo* von Irland und den Iren handelten.“[5] Dies wird augenscheinlich auch in Dublin anerkannt, wo am 10. September 1912 (Joyce ist noch in der Stadt) der *Freeman's Journal* berichtet, in einer Zeitung in Triest sei ein Artikel über die Aran-Inseln und die Galwayer Hafenpläne erschienen: „von Mr. James Joyce, einem irisch-italienischen Journalisten“. Das Joycesche Bemühen, mit den Artikeln zu renommieren, endet auch nicht mit seiner letzten Irlandreise. Am 25. März 1914, zu einem Zeitpunkt, als der langersehnte Erfolg als Schriftsteller sich endlich einzustellen beginnt (der kurz zuvor abgeschlossene Roman *Ein Porträt des Künstlers als junger Mann* wird in einer Londoner Zeitschrift vorabgedruckt, und die Publikation von *Dubliner* als Buch steht bevor), bietet Joyce dem italienischen Verleger Angelo Fortunato Formiggine die neun Artikel aus dem *Piccolo della Sera* zur Veröffentlichung in Buchform unter dem Titel *L'Irlanda alla sbarra* an:

> In diesem Jahr ist das irische Problem in die entscheidende Phase eingetreten, und tatsächlich befindet sich England, wenn man den neuesten Nachrichten glauben darf, der „Home-Rule“-Frage wegen an der Schwelle zum Bürgerkrieg.
>
> Die Veröffentlichung eines Bandes mit irischen Essays wäre für das italienische Publikum von Interesse.
>
> Diese von mir verfaßten Essays (neun) wurden im Verlauf der vergangenen sieben Jahre als namentlich gezeichnete Leitartikel im *Piccolo della Sera* in Triest veröffentlicht. [...]

---

[5] Joyce, *Briefe I*, a.a.O., S. 537 (Charles Joyce an Stanislaus Joyce, 5.9.12).

> Ich bin Ire (aus Dublin): und obwohl diese Artikel absolut keinen literarischen Wert besitzen, bringen sie, wie ich glaube, das Problem doch aufrichtig und objektiv zur Anschauung.[6]

Formiggine ist auf den Vorschlag, für den Joyce die neun Artikel in eine inhaltlich begründete Reihenfolge gebracht hatte, leider nicht eingegangen. Der Ausbruch des Ersten Weltkriegs vier Monate später macht weitere Überlegungen ohnedies hinfällig, vereitelt zudem die Umsetzung der „Home-Rule"-Gesetzgebung, mit der auch Joyce gewisse Hoffnungen verknüft hat. Im Juni 1915 verläßt Joyce mit seiner Familie Triest und geht bis zum Kriegsende ins sichere Zürich; als er im Oktober 1919 nach Triest zurückkehrt, ist aus der prosperierenden Hafenstadt der österreichisch-ungarischen Doppelmonarchie eine abgelegene Provinzstadt Italiens geworden – Joyce hält es dort aus vielerlei Gründen nicht mehr lange aus, zieht im Juli 1920 nach Paris weiter und wird 1922 mit dem Erscheinen des *Ulysses*, den er in den Kriegsjahren in Zürich begonnen hat, zur literarischen Berühmtheit. Journalistisch betätigt er sich nicht mehr, weder in Sachen der „irischen Frage" noch zu anderen Themen.

Die Artikel aus dem *Piccolo della Sera* werden zu Lebzeiten von Joyce nicht mehr nachgedruckt. Der allgemeinen Leserschaft zugänglich werden sie erst 1959 in dem Band *The Critical Writings of James Joyce*, und zwar nicht im italienischen Original, sondern in Übersetzungen, für die möglicherweise Stanislaus Joyce (der Bruder von James, der diesem 1905 nach Triest gefolgt ist, dort bis zu seinem Tod 1955 bleibt und etliche Papiere aus dem Besitz seines Bruders verwahrt) verantwortlich war. Die

---

6 Übersetzt nach Giorgio Melchiori, „The Language of Politics and the Politics of Language", in *James Joyce Broadsheet* 4 (Februar 1981), S. 1.

deutschen Übersetzungen von sieben der Artikel durch Hiltrud Marschall, die zuerst 1973 in dem Band *Kritische Schriften* erscheinen und im Jahr drauf im Band *Kleine Schriften* der Suhrkamp-Werkausgabe nachgedruckt werden, folgen den englischen Fassungen aus *Critical Writings* und weichen deshalb im Detail von den italienischen Originaltexten ab. Weder in *Kritische Schriften* noch in *Kleine Schriften* enthalten sind die beiden Texte „Der Kampf zwischen Bernard Shaw und der Zensur" und „Der ‚Home-Rule'-Komet", die im Band *Irland auf der Anklagebank*[7] erstmals auf deutsch erscheinen; die übrigen sieben Artikel wurden für diesen Band nach den italienischen Urfassungen neu übersetzt.

Die neun Artikel, die James Joyce für *Il Piccolo della Sera* geschrieben hat, sind in Sachen Faktentreue nicht unbedingt ein Musterbild an Verläßlichkeit, aber dies macht Joyce durch ein von ihm sonst kaum gekanntes politisches und soziales Engagement wett. Die Texte sind nicht nur mit heißer Nadel gestrickt, sondern auch mit heißem Herzen geschrieben. Irland hat auf der Anklagebank Platz genommen; dieses eine Mal aber ist Joyce nicht Ankläger, sondern feuriger Verteidiger.

---

7 Vgl. James Joyce, *Irland auf der Anklagebank. Reportagen aus der irischen Wirklichkeit*, hg. u. üb. v. Friedhelm Rathjen (Südwesthörn: Editon ReJoyce 2013).

Ein Porträt des Künstlers als Radtourist
James Joyce im wilden Westen Irlands

Meine Damen und Herren,
bevor ich zu Ihnen hier nach Nürnberg fuhr, hab ich schnell noch in den in meinem Haushalt vorhandenen Nachschlagewerken das Stichwort „Joyce, James“ überflogen. Nicht, daß das nötig wäre, um mich rückzuversichern, wer James Joyce war; aber gerade, wenn man sich lange und intensiv mit einem Thema beschäftigt hat, ist es doch manchmal ganz aufschlußreich, noch einmal nachzuschauen, welches Bild wohl die große Schar der Nicht-Experten von diesem Thema hat. Also Stichwort „Joyce, James“: die meisten Nachschlagewerke beginnen ihren Eintrag mit dem Hinweis „irischer Schriftsteller“; das *dtv-Lexikon* hingegen formuliert etwas weniger eindeutig: „englischer Schriftsteller irischer Abkunft“. Welche Bezeichnung ist nun die korrektere? Das *dtv-Lexikon* hat formal recht, weil Joyce tatsächlich nie Bürger des Staates Irland war: als dieser Staat 1922 gegründet wurde, lebte Joyce schon seit fast zwei Jahrzehnten auf dem europäischen Kontinent, er hat Irland als eigenen Staat nie wiedergesehen und zeit seines Lebens einen britischen Paß besessen. Dennoch weist die Auskunft „englischer Schriftsteller irischer Abkunft“ wohl eher in die Irre, denn mit England hatte Joyce doch nie etwas zu tun, und in seinen Schriften geht es immer nur um Irland, seine Heimat in mehrerlei Sinne, auch wenn diese Heimat zu Joycens Zeiten noch kein eigener Staat war.

Seine Heimat also war Irland? Vielleicht sollten wir doch etwas genauer formulieren und sagen, die Heimat von James Joyce und der Stoff seiner Bücher war Dublin; im Grunde war er kein irischer, sondern nichts anderes als ein rein Dubliner Schriftsteller. Keines seiner Bücher spielt außerhalb Dublins, und Joyce selbst hat vom Irland außerhalb des Dubliner Dunstkreises nicht viel gesehen. Zwar brachte er drei Jahre auf der Internatsschule Clongowes Wood in der Grafschaft Kildare zu, war damit aber auch nur 35 Kilometer von Dublin entfernt, und vom weiteren Irland sah er in seiner Jugend nur zweimal etwas: als Zwölfjähriger war er mit seinem überschuldeten Vater, der Grundbesitz verkaufte, eine knappe Woche in Cork, und als Achtzehnjähriger verbrachte er die Sommerferien mit Vater und Bruder in Mullingar.

Als James Joyce 1904 Irland den Rücken kehrte, nahm er dennoch etwas aus dem irischen Westen mit, nämlich seine Lebensgefährtin Nora Barnacle. Sie stammte aus Galway, dem Tor nach Connemara, und sie wurde für Joyce so etwas wie der Schlüssel zum ‚eigentlichen' Irland, das er aus eigener Anschauung gar nicht kannte. Tatsächlich mußte Joyce erst ins Ausland gehen, um überhaupt Interesse am irischen Westen zu entwickeln. In Triest begann er, Nora ihre Lieder und Geschichten abzulauschen; in Triest auch verdiente er sich manch mageres Honorar damit, daß er für den *Piccolo della Sera* Artikel über die „irische Frage" schrieb, die allerdings keineswegs so fachmännisch waren, wie sie klingen sollten.

Die Chancen stehen gut, daß hier heute abend etliche Menschen im Raum sind, die Irland sehr viel besser kennen, als Joyce es kannte. Einige von Ihnen wissen vielleicht auch, daß es in Irland sogar eine idyllische Gegend namens „Joyce Country" gibt; so heißt traditionell der nordöstliche Teil von Connemara, einer Landschaft im äußersten Westen Irlands, nordwestlich von Nora Barnacles Heimatstadt Galway. Im Herzen dieser Gegend liegt das Maam Valley, durch das sich der Joyce River und die Straße von Maam Cross nach Leenane schlängeln. Das Joyce Country wird im Südwesten von den Maumturk Mountains, im Norden von den Partry Mountains und im Osten von einer schmalen Landzunge zwischen den großen Seen Lough Corrib und Lough Mask begrenzt. Reiseführer und Bildbände pflegen diesem ausgesprochen lieblichen Bezirk nur wenige Sätze zu widmen; nicht selten gehört dazu auch der absurde Hinweis, das Joyce Country sei „durch den Schriftsteller James Joyce berühmt geworden". Nichts freilich könnte der Wahrheit ferner stehen.

Zweimal immerhin, in den Jahren 1909 und 1912, machte Joyce den ernsthaften Versuch, seine fehlenden Erfahrungen mit dem irischen Westen nachzuholen, und darüber möchte ich Ihnen heute abend einiges erzählen. 1909 war Joyce in Dublin, um mit dem Geld Triestiner Geschäftsleute das erste irische Kino zu eröffnen, eine Unternehmung, die leider nicht von langer Dauer war. Joyce hatte zusammen mit besagten Geschäftsleuten von der Adria einen Vertrag geschlossen, in dem penibel aufgeführt wurde, wieviel Geld diese wohlhabenden Triestiner Bürger in das Projekt einzubringen hatten; auch die Investition von Joyce wird in dem Vertrag genau bezeichnet, allerdings handelte es sich dabei nicht um Finanzmittel, sondern um „his expertise and knowledge", also ‚sein Fachwissen' (wobei mir nicht ganz klar ist, in welches Fach dieses Wissen fallen sollte). Joyce erhielt von seinen Kompagnons eine Bahnfahrkarte zweiter Klasse von Triest nach Dublin für sich und seinen kleinen Sohn Giorgio, aber gleich beim ersten Zwischenstop wies Joyce sich einem Bahnhofsvorsteher gegenüber mit Hilfe einer Visitenkarte als Journalist des Triester *Piccolo della Sera* aus und erwirkte auf diese Weise, daß die Fahrkarten kostenlos in Tickets erster Klasse umgewandelt wurden.

In Dublin angekommen, eröffnet er nach einiger Zeit tatsächlich ein Kino (das war das erste, was es je in Irland gab) und macht auch kurze Abstecher nach Cork und Belfast, um dort ebenfalls die Möglichkeiten eines Lichtspielhauses zu erkunden. Rein privater Natur hingegen ist ein Wochenendtrip nach Galway, den James Joyce und Sohnemann Giorgio Ende August 1909 unternehmen. An die in Triest zurückgebliebene Nora schreibt er aus Dublin:

> Es beunruhigt mich so sehr, Nora, Liebe, daß ich nicht weiß, wie ich das Reisegeld [...] zusammenbekommen soll [...] für die Fahrt nach Galway, um Deine Familie zu besuchen. Ich habe heute an Deine Mutter geschrieben, aber eigentlich möchte ich gar nicht fahren. Sie werden von Dir sprechen und von Dingen, die ich nicht kenne. Mir graut davor, ein Bild von Dir als Mädchen gezeigt zu bekommen, denn ich werde denken: ‚Ich habe sie damals nicht gekannt und sie mich auch nicht. Wenn sie am Morgen zur Messe schlenderte, schickte sie manchmal ihre langen Blicke zu irgendeinem am Wege stehenden Jungen hinüber. Zu anderen, nicht zu mir.‘ [...] Ich bin in absurdem Grade eifersüchtig auf die Vergangenheit.

Nicht die Eifersucht auf Noras verflossene Liebhaber, aber wenigstens die Finanzschwierigkeiten überwindet der geniale Schnorrer Joyce, und zwar mit dem bewährten Trick: er läßt sich weitere Visitenkarten des *Piccolo della Sera* drucken, gibt sich bei den Midland Railways als italienischer Reporter aus, der eine Artikelserie über Irland schreibe, und kommt so an ein Freibillet erster Klasse – unter dem Versprechen, auch über Galway zu schreiben (was er natürlich nicht tut). In Galway schickt Joyce den vierjährigen Giorgio allein ins Haus der Barnacles vor und wartet auf der anderen Straßenseite ab, wie das Wetter ist. Erst als klar ist, daß der Empfang freundlich ausfällt, dackelt der Angsthase hinterdrein.

Der Besuch in Galway wird ein voller Erfolg. Joyce mimt den Tausendsassa, läßt sich bewundern und umschmeicheln und spaziert mit Noras Schwester Kathleen am Strand der Galway Bay entlang. Für die Nacht wird er bei Noras Onkel Michael Healy in der Dominick Street einquartiert, von wo er nach Triest schreibt:

> Wie seltsam das Leben ist, meine Liebste? Wenn ich mir vorstelle, daß ich hier bin! Ich bin zu dem Haus in der Augustine Street gegangen, in dem Du mit Deiner Großmutter gewohnt hast, und morgen früh werde ich es mir unter dem Vorwand, ich wollte es kaufen, ansehen, um das Zimmer zu sehen, in dem Du geschlafen hast. [...] Wer weiß, Liebling, vielleicht kommen Du und ich nächstes Jahr zusammen hierher. Du wirst mich führen von Ort zu Ort, und das Bild Deiner Mädchenzeit wird mein Leben wieder läutern.

Galway, damals eine Kleinstadt von knapp 15.000 Einwohnern, eröffnet für Joyce tatsächlich eine zuvor unbekannte Welt, und er geht ganz darin auf, vergißt vorübergehend sogar seine ständigen Gesundheitsbeschwerden. Der Reiz, in diese Welt einzutauchen, hängt für Joyce entscheidend damit zusammen, daß er nun einen Schlüssel nicht nur zum Westen Irlands, sondern zu Noras Herkunft gefunden hat. Wieder in Dublin, schreibt er ihr:

> Vor einer Stunde habe ich Dein Lied *The Lass of Aughrim* gesungen. Die Tränen kommen mir und meine Stimme zittert vor Erregung, wenn ich diese schöne Weise singe. Es hat die Reise nach Irland gelohnt, nur um das von Deiner armen freundlichen Mutter zu hören – die ich *sehr* gern habe Nora, Liebe. [...] Gute Nacht, mein liebstes Mädchen, meine kleine Galway-Braut, meine zarte Geliebte aus Irland.

Das Haus Nr. 8 Bowling Green, in dem Joyce sich das genannte Lied hat vorsingen lassen, steht heute noch in fast unverändertem Zustand und wird von zwei enthusiastischen älteren Damen unter dem Namen *Nora Barnacle*

House als Museum betrieben. Zwar ist dies nicht, wie die Gedenktafel an der Außenwand bis vor wenigen Jahren fälschlich behauptete, das Geburtshaus von Nora Barnacle, doch zeitweilig aufgewachsen ist Nora hier, und ihre Mutter Annie hat das Haus bis zu ihrem Tode bewohnt. Wer gerne ein paar Anekdoten über Noras frühe Jahre hören möchte, ist hier gewiß an der richtigen Adresse.

Die besondere Joycesche Rührung über das Lied „The Lass of Aughrim“ hat ihre Ursache darin, daß er das Lied in unvollständigem Wortlaut schon von Nora kannte und in die schönste seiner Kurzgeschichten, „Die Toten“, eingebaut hatte. In der Story, die auf Noras Erzählungen beruht, geht es um die Eifersucht Gabriel Conroys auf Michael Furey, einen Jungen, der vor langen Jahren in Gabriels Frau verliebt war und anscheinend ihretwegen gestorben ist – eine herzzerreißende Geschichte aus dem irischen Westen. Gabriel weigert sich, die Reise in den Westen anzutreten, und blickt lieber nach Europa; für Joyce hingegen scheint nach dem Kurzbesuch in Galway klar, daß seine frühere Verachtung des ländlichen Irland zu einseitig ist und daß er etwas nachzuholen hat. Offenbar denkt er daran, mit Nora so etwas wie nachträgliche Flitterwochen im County Galway zu verbringen.

Daraus wird aber so schnell nichts. Erst im Sommer 1912 kommt es wieder zu einer Reise nach Galway; diesmal allerdings sind es Nora und Tochter Lucia, die die Reise antreten. Joyce bleibt in Triest zurück, spielt einen Tag lang den unabhängigen Junggesellen – doch dann bricht er zusammen, kann nachts nicht schlafen und weckt seinen Sohn vor lauter Einsamkeit. Rasch ist das Fahrgeld zusammengeschnorrt, und ab Mitte Juli ist die ganze Familie für vier Wochen im irischen Westen vereint. Nicht ohne Stolz schreibt Nora ihrer Schwägerin, alle Leute hätten über ihren Jim geredet, weil er ihr nachgelaufen sei.

Wieder gestaltet sich der Aufenthalt höchst angenehm. Fünf Tage lang besucht man die *Galway Races* und macht gesellschaftlich etwas her. Der Sommer fällt recht irisch aus, wie Nora festhält:

> wir würden es mehr genießen wenn wir nicht so schlechtes Wetter hätten jeden zweiten Tag Regen wenn es nicht regnet gehen wir gewöhnlich morgens an die Küste. die Luft ist herrlich hier und das Essen [...] Jim geht es auch sehr viel besser und mir auch.

An trockenen Tagen rafft sich der nicht eben sportliche Joyce sogar auf, vom Bootsanleger oberhalb des Salmon Weir aus Rudertouren auf dem River Corrib zu unternehmen. Regnet es, so arbeitet er, und heraus kommt als erstes ein Artikel namens „Die Stadt der Stämme: Italienische Reminiszenzen in einem irischen Hafen.“ Der Artikel wird sogleich nach Triest expediert und im *Piccolo della Sera* abgedruckt – sozusagen als Einlösung des alten Joyceschen Versprechens an die irischen Eisenbahnen.

Man muß freilich sagen, daß der Artikel von der Art ist, die Joyce auch ohne Lokalkenntnis hätte zustandebringen können. Gleich zu Beginn instrumentalisiert Joyce seine eigene, gerade erst überwundene Unwissenheit:

> Der träge Dubliner, der wenig reist und sein eigenes Land nur vom Hörensagen kennt, glaubt, daß die Einwohner von Galway Nachkommen spanischer Familien sind und daß man in den dunklen Gassen der Stadt der Stämme keine vier Schritte gehen kann, ohne dem echten spanischen Typ zu begegnen, mit olivfarbener Haut und rabenschwarzem Haar. Der Dubliner hat sowohl recht als unrecht. Heutzutage sind in Galway schwarze Augen selten genug, und auch das rabenschwarze Haar, weil meist Tizianrot die vorherrschende Farbe ist.

Joyce schwadroniert in einer Weise über die großartige Vergangenheit Galways, die wohl genau auf das Publikum im multikulturellen Triest zugeschnitten ist. Was er besonders unterstreicht, das sind die historischen Verbindungen Galways nach Südeuropa, in diesem Fall nach Spanien. Ausführlich gibt er die bekannte Geschichte von der Selbstjustiz des Richters Lynch an seinem Sohn zum besten, um dann mit ein paar kurzen Impressionen zu schließen, die doch sehr nach Klischees klingen:

> Der Abend ist still und grau. Aus der Ferne, hinter dem Wasserfall, ertönt ein Murmeln. Es klingt wie Bienen, die um den Stock summen. Es kommt näher. Sechs junge Männer tauchen auf, Dudelsack spielend ziehen sie einer Gruppe von Leuten voran. Sie gehen vorüber, stolz und kriegerisch, mit unbedeckten Köpfen, und spielen eine vage, fremdartige Musik.

Mit Nora unternimmt Joyce einen Tagesausflug auf die vorgelagerten Aran-Inseln, was lange vor den Tagen der Motorflugzeuge eine lange Bootsfahrt und einen entsprechend kurzen Inselaufenthalt bedeutete. Joyce kann das nicht hindern, auch über die Aran-Inseln sogleich einen Artikel zu schreiben. Der trägt den etwas pompösen Titel „Die Fata Morgana des Fischers von Aran: Englands Sicherheitsventil für den Kriegsfall“; der Untertitel bezieht sich auf vermeintliche Pläne, die Bucht von Galway zu einem gigantischen transatlantischen Hafen auszubauen:

> Der neue Hafen wäre im Kriegsfalle ein Sicherheitsventil für England. Aus Kanada, der Kornkammer und dem Lagerhaus des Vereinigten Königreichs, würden große Ladungen von Korn in die irischen Häfen kommen und so die Gefahr der Fahrt durch den St.-Georgs-Kanal und die feindlichen Flotten vermeiden. In Friedenszeiten wäre die neue Route der kürzeste

Weg zwischen den beiden Kontinenten. Ein großer Teil der Waren und Passagiere, die heute in Liverpool landen, würde künftig in Galway landen und von dort direkt über Dublin und Holyhead nach London weitergeleitet werden. Die alte, im Niedergang befindliche Stadt würde wiedererstehen. Aus der Neuen Welt würde durch diese neue Arterie Wohlstand und Lebenskraft in ein ausgeblutetes Irland fließen. Nach rund zehn Jahrhunderten erscheint die Fata Morgana, die den armen Fischer von Aran, den Jünger und Nacheiferer des heiligen Brendan, blendete, erneut in der Ferne, vage und zitternd über dem Spiegel des Meeres.

Das ist doch etwas sehr dick aufgetragen: Joyce war offenbar entgangen, daß jene Galwayer Unternehmer, die diese Pläne entwickelt hatten, schon 1864 in Konkurs gegangen waren. Die Joyceschen Mitteilungen über die Aran-Inseln sind kaum verläßlicher: er rühmt den heiligen Brendan, der von Aran aus nach Amerika gesegelt sei, und St. Columkill, den er den „Eremiten von Aran“ nennt. Nun stimmt es zwar, daß beide Heilige einen Teil ihrer Ausbildung auf den Aran-Inseln erhielten, ihre Großtaten verbrachten sie freilich anderswo.

Wenn Joyce über die Aran-Inseln schreibt, so hat er insgeheim ein Vorbild, nämlich den irischen Dramatiker John Millington Synge. Der war Ende 1896 in Paris mit dem irischen Dichterfürsten William Butler Yeats zusammengetroffen und hatte sich überreden lassen, auf die Aran-Inseln zu gehen, um die alte irische Kultur und Sprache zu studieren. Ihren Niederschlag fanden Synges lange Aufenthalte in dem Buch *Die Aran-Inseln* und auch im irischen Flair seiner Stücke. Als Synge 1902 wiederum in Paris war, traf er dort den jungen Joyce und hätte wohl gern den Tip, Irlands Westen zu studieren, weitergereicht – doch Joyce wollte davon gar nichts wissen und mäkelte statt dessen an einem Schauspiel über die Aran-Inseln herum, das Synge ihm zeigte.

Erst anläßlich der eigenen Reise mit Nora ändert sich nun offenbar die Joycesche Einstellung zu Synge, und mindestens in einer Passage seines Artikels versucht er, so wie jener zu schreiben:

> Eine alte Frau kommt auf uns zu und lädt uns ein, ihr Haus zu betreten. Sie setzt einen riesigen Teetopf auf den Tisch, einen kleinen Laib Brot und etwas gesalzene Butter. Der Inselbewohner, der ihr Sohn ist, sitzt beim Feuer und beantwortet die Fragen meines Begleiters in verlegener und demütiger Weise. Er weiß nicht, wie alt er ist, doch er sagt, daß er bald alt sein wird. Er weiß nicht, warum er keine Frau genommen hat, vielleicht, weil keine Frauen für ihn dasind. Mein Begleiter will weiterfragen, warum keine Frauen für ihn dasind, und der Inselbewohner nimmt seinen Hut vom Kopf und vergräbt sein Gesicht in der weichen Wolle, verwirrt und lächelnd. Aran, heißt es, ist der eigenartigste Ort der Welt. Ein armer Ort, doch wie arm er auch sein mag, als mein Begleiter zu zahlen versucht, weist die alte Frau das Geld fast zornig zurück und fragt uns, ob wir ihr Haus beleidigen wollen.

Das klingt in Inhalt und Stil zwar nach John Millington Synge, doch die Tiefe und das Verständnis der Schilderungen Synges, der lange Monate auf den Inseln verbrachte, kann Joyce natürlich nicht erreichen. Am eindrücklichsten gelingt ihm deswegen noch die Beschreibung der Fahrt hinaus:

> Das kleine Schiff mit den wenigen Reisenden an Bord [...] verläßt den kleinen Hafen von Galway und fährt aufs offene Meer hinaus, wobei es rechter Hand das Dorf Claddagh hinter sich läßt, einen Haufen von Hütten

> außerhalb der Stadtmauern. Bis vor wenigen Jahren wählte das Dorf seinen eigenen König, hatte seine eigene Tracht, gab sich selbst seine Gesetze und lebte für sich. Die Eheringe der Einwohner sind noch heute mit der Helmzier des Königs geschmückt: zwei verschlungene Hände, die ein gekröntes Herz emporhalten.

Der Claddagh-Ring, von dem Joyce hier schreibt, ist inzwischen wie so vieles in Irland zum Touristenkitsch verkommen. Entworfen wurde er vor Jahrhunderten von einem Galwayer Goldschmied namens William Joyce – was James Joyce offenbar nicht gewußt hat, denn ansonsten hätte er, der gerne Namensmagie betrieb, es ganz gewiß erwähnt.

Das kulturell und historisch einzigartige Fischerdorf Claddagh, das Joyce beschreibt, wurde 1932 vom jungen irischen Freistaat plattgemacht, um Raum für eine neue Siedlung zu schaffen, und auch sonst läßt sich die Atmosphäre, die Joyce Anfang des 20. Jahrhunderts in Galway vorfand, heute nicht mehr nachempfinden. Joyce traf auf eine Stadt, die seit hundert Jahren im Niedergang begriffen war; heute hingegen ist Galway jene Großstadt, die im boomenden Irland an Wirtschaftskraft und Bevölkerungszahl die höchsten Steigerungsraten aufweist. Die Spuren des Joyceschen Aufenthalts lassen sich deswegen nur noch in versteckten Winkeln aufnehmen. Einer davon ist der Friedhof von Rahoon gut zwei Kilometer westlich des Galwayer Stadtzentrums. Wenn man durch den alten Eingang eintritt, stößt man rasch auf eine große, gruftartige Grabplatte mit dem Namen Michael Bodkin, gestorben im Jahr 1900 als Zwanzigjähriger. Dieser Michael Bodkin ist der frühverstorbene Verehrer Nora Barnacles, aus dem Joyce in der Erzählung „Die Toten" Michael Furey machte. Gretta, die weibliche Hauptfigur der Erzählung, trauert ihm nach:

> Ich glaube, er ist meinetwegen gestorben [...] Es war im Winter [...], etwa am Anfang des Winters, in dem ich von meiner Großmutter wegging und hierher ins Kloster kam. Und zu der Zeit war er krank in seinem Mietszimmer in Galway und durfte nicht hinaus, und seine Angehörigen in Oughterard wurden benachrichtigt. Es ging mit ihm zu Ende, sagten sie, oder so ähnlich. Ich habe es nie genau gewußt. [...] Und als ich grade eine Woche im Kloster war, starb er und wurde in Oughterard begraben, wo seine Familie herkam. Ach, der Tag, an dem ich das hörte, daß er tot war!

Während ihres Aufenthalts 1912 besuchten Joyce und Nora das Grab Michael Bodkins. Nora stiegen die Tränen in die Augen, und Joyce hielt die Szene später in dem Gedicht „Sie weint über Rahoon“ fest: „Regen fällt auf Rahoon, in sanftem Fallen, / Wo mein dunkler Geliebter ruht. / Trüb schallt seine Stimme herauf, in trübem Schallen, / In Monds grauer Hut.“

In der lange zuvor entstandenen Erzählung hat Joyce das Grab des toten Jungen allerdings aus unbekannten Gründen auf den Friedhof von Oughterard verlegt, einem Dörfchen mit damals knapp 700 Einwohnern, über das *Murray's Handbook for Ireland* von 1906 bemerkt: „Vom riesigen Armenhaus einmal abgesehen, gibt es hier gar nichts von Belang.“ Für Joyce war das natürlich anders, und so nahm er es am 4. August 1912 doch tatsächlich auf sich, per Fahrrad 55 Kilometer zu strampeln, um den Friedhof aufzusuchen. An seinen Bruder schrieb er: „Am Sonntag bin ich mit dem Rad nach Oughterard gefahren und habe den Friedhof von ‚Die Toten‘ besucht. Er sieht genau so aus, wie ich ihn mir vorgestellt habe“ – und das heißt, daß wir die Beschreibung des Friedhofs direkt der elegischen Schlußpassage der Erzählung entnehmen können:

> Die Zeit war für ihn gekommen, seine Reise gen Westen anzutreten. Ja, die Zeitungen hatten recht: Schneefall in ganz Irland. [...] Er fiel auch überall auf den einsamen Friedhof oben auf dem Hügel, wo Michael Furey begraben lag. Er lag in dichten Wehen auf den krummen Kreuzen und Grabsteinen, auf den Speeren des kleinen Tors, auf den welken Dornen. Langsam schwand seine Seele, während er den Schnee still durch das All fallen hörte, und still fiel er, der Herabkunft ihrer letzten Stunde gleich, auf alle Lebenden und Toten.

Das wirkliche Grab eines Michael Furey gibt es auf dem Friedhof von Oughterard natürlich nicht – Joyce berichtete seinem Bruder aber verzückt, er habe einen Grabstein mit dem Namen „J. Joyce“ gefunden. In Connemara, wo Joyce einer der häufigsten Familiennamen ist, ist dieser Zufall allerdings gar zu groß nicht; die Chancen gleichen ungefähr denen, auf deutschen Friedhöfen das Grab eines „H. Müller“ zu finden.

Und nicht nur aus diesem Grunde kann man dem Literaturreisenden nicht unbedingt empfehlen, eigens nach Oughterard zu fahren: der Ort ist heute touristisch ausgesprochen überentwickelt. Das eigentliche, das verschlafene Connemara mit seinen weiten Mooren und den einsamen Bergen fängt erst hinter Oughterard an. Überraschenderweise hat Joyce dieses Land ebenfalls aufgesucht, wenn auch nicht nur der Erholung halber. Gleich am Tag nach seiner Radtour bis Oughterard fuhr Joyce in den äußersten Westen Connemaras, wie er seinem Bruder schreibt: „Ich war am Montag in Clifden, um Marconi zu interviewen oder Station zu besichtigen. Aus beidem wurde nichts, und ich warte auf Antwort vom Marconi House, London.“ Zwei Wochen später, kurz vor seiner Abreise, erwähnt er das Vorhaben noch einmal:

„Ich könnte einen weiteren Artikel über die Marconi-Station schreiben.“

Der Gegenstand der Joyceschen Neugierde war die 1907 installierte Telegraphenstation des Funkpioniers Guglielmo Marconi. Aufgrund seiner geographischen Lage weit im Westen war ein Moorgebiet bei Clifden als Standort ausgewählt worden, von dem die ersten drahtlosen Transatlantikmeldungen nach Cap Breton in Kanada gefunkt wurden; das verschlafene Clifden gilt als ‚Hauptstadt Connemaras‘, ist allerdings auch heute noch mit seinen 1300 Einwohnern von Ruhe und Beschaulichkeit geprägt. Die Funkstation umfaßte ein Halbdutzend Betriebs- und neun Wohnhäuser; eine eigens eingerichtete Schmalspurbahn brachte die nötigen Materialien von Clifden herüber. Da für die Energieversorgung auf den üppig vorhandenen Brennstoff Torf zurückgegriffen wurde, fanden bis zu 300 Männer als ständige oder saisonale Torfstecher Arbeit bei der Station, was für die wirtschaftlich schwache Gegend ungemein hilfreich war. Heute sind von der Station nur noch Ruinen vorhanden, da das vermeintliche englische Teufelswerk 1922 von Mitgliedern der IRA in Brand gesteckt wurde – sehr zum Leidwesen derer, die dadurch ihre Arbeit verloren und emigrieren mußten.

Für Joyce wäre die Funkstation ein schönes Thema gewesen, um darüber einen weiteren Artikel für seine Zeitung in Triest schreiben und ein bißchen Kleingeld verdienen zu können, denn über die Person Marconis (der 1909 immerhin einen Nobelpreis erhalten hatte) hätte Joyce schön einen Zusammenhang zwischen den abgelegensten Gegenden Irlands und Italien herausarbeiten können, und solche Lokalbezüge sind immer nützlich, um einer Provinzzeitung einen Artikel verkaufen zu können. Wenn Sie, meine Damen und Herren, auf der Suche nach Joyce-Spuren einmal nach Triest fahren sollten, können Sie den Zusammenhang sogar mit dem Stadtplan in der

Hand nachvollziehen: eine Joyce-Büste finden Sie im Stadtpark, und eine der beiden Straßen, die diesen Park begrenzen, ist sinnigerweise die Via Guglielmo Marconi.

Aber Joyce gelang es damals 1912 nicht, Marconi zu interviewen; ob er die Marconi-Station im Derrigimlagh-Moor fünf Kilometer südlich des Ortes womöglich gar nicht gefunden hat, bleibt der Spekulation überlassen. Zu einem Artikel darüber im *Piccolo della Sera* kam es leider nicht. Dafür wurde die Episode aber auf kryptische Weise im Joyceschen Spätwerk *Finnegans Wake* verewigt, wo wir einige Anspielungen auf den „mightif beam maircanny", den mächtigen Marconi-Mastbaum, finden: „as softly as the loftly marconimasts from Clifden sough open tireless secrets [...] to Nova Scotia's listing sisterwands. Tubetube!"

Wenn wir schon nicht genau zu klären vermögen, warum Joyce keinen Zeitungsartikel über Marconi schrieb, so möchte ich jetzt in einem kleinen Exkurs doch wenigstens herauszufinden versuchen, wie Joyce damals von Galway nach Clifden und zurück gekommen ist – und damit möchte ich dann auch den Titel meines Vortrags erhellen: Ein Porträt des Künstlers als Radtourist. In der Tat behaupten fast alle Joyce-Biographen explizit oder implizit, Joyce sei wie schon nach Oughterard auch nach Clifden mit dem Fahrrad gefahren; das allerdings halte ich für ausgeschlossen: die einfache Distanz Galway-Clifden beträgt 80 Kilometer, und Joyce war nicht gerade eine Sportskanone, auch wenn der Aufenthalt im irischen Westen der Gesundheit des damals Dreißigjährigen offenbar gut getan hat. Ich darf Ihnen aus meiner eigenen reichlich vorhandenen irischen Radfahrerfahrung verraten, daß eine Tagesleistung von 160 Kilometern für einen nichtprofessionellen Pedaltreter in halbwegs ordentlicher Verfassung selbst heute noch eine mächtige Herausforderung wäre, und zu Joycens Zeiten waren die Straßen in Connemara keineswegs asphaltiert. 160 Kilometer könnte ein Lance Armstrong in vier Stunden absolvieren, wenn ihm kein irischer Gegenwind dazwischenkommt, doch ein Amateur dürfte doppelt so lange brauchen, also acht Stunden – zuzüglich der Zeit für Pausen, Stärkung in fester und flüssiger Form und ähnliches mehr. Dies wäre vielleicht Samuel Beckett zuzutrauen gewesen, der in jungen Jahren ein begeisterter Radfahrer war, aber dem späteren Beckett-Mentor James Joyce möchte ich doch rundheraus die Fähigkeit absprechen, zu irgendeinem Zeitpunkt seines Lebens dazu in der Lage gewesen zu sein – aber selbst *wenn* er an jenem Augusttag des Jahres 1912 acht Stunden lang durch Connemara geradelt wäre, so wäre wohl gar keine Zeit mehr für sein Vorhaben geblieben, sich um die Marconi-Station zu kümmern.

Dennoch behaupten seltsamerweise fast alle Joyce-Biographen, er sei mit dem Rad nach Clifden gefahren. Der erste, der etwas von den Joyceschen Radfahr-Exerzitien schreibt, ist Herbert Gorman, der in seiner Biographie *James Joyce* von 1939 die Freuden des Sommers 1912 folgendermaßen zusammenfaßt:

> Joyce genoß das Leben in Galway sehr. Er ruderte, radelte und fuhr [...] im Lande umher, freute sich an dem zarten Grün der Felder und an der Schlichtheit der Bevölkerung. In Oughterard besuchte er den kleinen Friedhof, den er in seiner Erzählung „Die Toten“ beschrieben hatte, und entdeckte dort einen Grabstein, in den der Name „J. Joyce“ eingemeißelt war. [...] Das einzige, was er damals schrieb, waren zwei Artikel über die Aran-Inseln für den *Piccolo della Sera.* Aus dem Gedanken, Marconi für die Triester Zeitung zu interviewen, wurde nichts, da es unmöglich war, mit dem großen italienischen Erfinder in unmittelbaren Kontakt zu kommen.

Das mit den „zwei Artikeln über die Aran-Inseln“ stimmt schon einmal nicht, denn darüber schrieb Joyce nur einen einzigen Text, und so ist der zitierte Passus aus Gormans Buch ein kleines Beispiel dafür, wie schnell sich in biographische Darstellungen Ungenauigkeiten einschleichen. Wie man sieht, erwähnt Gorman zwar pauschal die Joyceschen Ruder- und Radfahraktivitäten, behauptet aber nicht, zu wissen, wie Joyce denn nun nach Clifden gekommen ist. Die Erwähnung der Anekdote um den Grabstein mit der Aufschrift „J. Joyce“ deutet im übrigen darauf hin, daß Gorman, als er sein Buch schrieb, schon Zugang zur Korrespondenz der beiden Joyce-Brüder hatte. Die Grabsteinanekdote und auch alle in der Sekundärliteratur später zu findenden Hinweise zur Radfahrerei von Joyce basieren ganz offensichtlich auf einem Brief, den Joyce am 7. August 1912 an seinen Bruder schrieb. Darin heißt es zunächst (wie ich bereits zitierte): „Ich war am Montag in Clifden, um Marconi zu interviewen oder Station zu besichtigen.“ Etliche Zeilen weiter unten schreibt Joyce dann: „Am Sonntag bin ich mit dem Rad nach Oughterard gefahren“. Joyce erwähnt also beide Ausflüge gesondert voneinander, gibt aber nur für den ersten das Transportmittel an, eben das Fahrrad.

Soweit ist die Sache eigentlich recht klar, doch sie beginnt sich zu verwirren, als Richard Ellmann 1959 seine vielgerühmte Joyce-Biographie vorlegt. Marconi und der Ausflug nach Clifden werden darin überhaupt nicht erwähnt, doch die Informationen aus dem besagten Brief von Joyce an Bruder Stanislaus faßt Ellmann folgendermaßen zusammen:

> Joyce wandte sich den ländlichen Sportarten zu, er ruderte und fuhr an einem Sonntag vierzig Meilen auf dem Fahrrad. Die Schmerzen in seiner Seite belästigten ihn nicht. Er besuchte mit Nora die Galway-

> Pferderennen und stattete, etwas weniger großartig, mit dem Fahrrad dem Friedhof von Oughterard einen Besuch ab, [siebzehn Meilen entfernt][1] [...].

Ellmann tut hier so, als habe es mindestens zwei Fahrradausflüge gegeben, einen an einem Sonntag über die Distanz von vierzig Meilen und einen zweiten zum siebzehn Meilen entfernten Oughterard. Das stimmt so nicht, wie Ellmanns Quelle, nämlich der zitierte Brief an Stanislaus, bezeugt; Ellmann begeht einen kleinen, aber dubiosen Doppelfehler: erstens übertreibt er die gefahrene Distanz nach Oughterard (zweimal siebzehn ergibt nach Adam Riese ja nicht ganz vierzig Meilen); und zweitens macht er aus der einen Tour zwei. Ellmann hat entweder beim Lesen oder beim Schreiben geschlampt (oder vielleicht auch bei beidem), und diese Schlamperei hat Folgen. Daniel von Recklinghausen veröffentlicht 1968 das Bändchen *James Joyce – Chronik von Leben und Werk*, das sich vor allem an Ellmann orientiert und für Juli und August 1912 u.a. vermerkt: „Joyce und Nora machen eine kurze Reise auf die Aran-Inseln [...] und Fahrradausflüge nach Clifden sowie zum Friedhof von Oughterard, wo eine Jugendliebe Noras begraben liegt." An dieser Mitteilung stimmt nun fast gar nichts mehr: erstens liegt in Oughterard nicht die reale Jugendliebe

---

1 Die hier in eckige Klammern gesetzte Entfernungsangabe findet sich nicht in der Erstausgabe (1959) der Ellmannschen Joyce-Biographie, sondern erst in der Neufassung von 1982; offenbar wurde Ellmann von dem Wirrwarr seiner eigenen früheren Angaben zu der Ergänzung verleitet, die die Sache nur noch schlimmer macht. In der ersten deutschen Fassung der Ellmannschen Biographie (1961) fehlen die „siebzehn Meilen" – aber auch in der ergänzten Ausgabe von 1994, die vorgibt, die Nachträge der 1982er Ausgabe einzuarbeiten, sind sie nicht enthalten, was vermutlich weniger von der Vernunft der Bearbeiter als vielmehr von ihrer mangelnden Aufmerksamkeit herrührt.

Noras begraben, sondern Grettas fiktive Jugendliebe aus der Joyce-Erzählung, zweitens ist Nora nach allem, was wir wissen, bei den Joyceschen Radfahrereien keineswegs mitgekommen – und drittens ist es eben reine Erfindung, daß Joyce auch nach Clifden geradelt sein soll.

Aber was einmal gedruckt in der Welt ist, läßt sich bekanntlich schwer wieder aus dieser Welt schaffen. Wie Daniel von Recklinghausen fällt auch Brenda Maddox auf die konfusen Angaben Ellmanns herein, wenn auch mit weniger gravierenden Folgen; sie schreibt in ihrer Biographie *Nora*: „Allein fuhr Joyce vierzehn Meilen mit dem Fahrrad nach Oughterard und besuchte den Friedhof von ‚Die Toten'." Der Clifden-Ausflug wird von Maddox nicht erwähnt, insofern kann sie da auch nichts Falsches berichten, aber ihre Distanzangabe für die Strecke nach Oughterard scheint eine algebraisch unsinnige Mischung aus den von Ellmann genannten Angaben zu sein: aus „vierzig" und „siebzehn" wird „vierzehn"!

Den nächsten Schritt auf dem Weg von den Fakten zur Fiktion geht der irische Joyce-Biograph Peter Costello, der die ganze Geschichte in *James Joyce: The Years of Growth 1882-1915* folgendermaßen erzählt:

> Joyce kam in der frischen Luft des Westens zusehends zu Kräften; er ruderte einige Tage auf dem Corrib River. Die Schmerzen, über die er in Triest geklagt hatte, fanden keinerlei Erwähnung mehr. [...] Joyce radelte 100 Meilen durch das Joyce Country zur Westküste und interviewte dort die Italiener, die die transatlantische Marconi-Funkstation in Clifden betrieben [...]. Am Sonntag, dem 4. August, machte er sich mit dem Fahrrad auf, um den Friedhof von Oughterard zu besuchen [...].

Costello ist anscheinend der erste, der das genaue Datum des Sonntagsausflugs von Joyce und auch die Distanz zwischen Galway und Clifden ermittelt hat, doch das nährt bei ihm leider nicht den eigentlich auf der Hand liegenden Verdacht, daß an der Mär, Joyce sei bis nach Clifden geradelt, etwas nicht stimmen kann. Erstaunlich ist das um so mehr, als Costello sich alle erdenkliche Mühe gab, eine Art Anti-Ellmann-Biographie zu schreiben. Und selbst der Autor der jüngsten Joyce-Biographie, nämlich der in Triest lebende Ire John McCourt, fällt wiederum auf das Informationswirrwarr bei Ellmann herein und faßt die Episode in dem Satz zusammen: „Unterdes war [Joyce] ein richtiggehendes Energiebündel und schaffte es, mit dem Fahrrad nach Clifden und Oughterard zu fahren".

Nein, nein, und nochmals nein: ich muß auch John McCourt widersprechen und behaupte rundheraus, Joyce hätte es *nie* geschafft, mit dem Fahrrad nach Clifden zu fahren. Er hatte das auch gar nicht nötig, denn auch an jenem hoffentlich schönen Augustmontag des Jahres 1912 konnte er ganz gewiß wieder seinen wohlerprobten Visitenkartentrick zur Erschleichung von Eisenbahnfahrkarten anwenden, falls er sich nicht auf andere Weise Fahrgeld zusammenschnorrte. Heute sind zwar praktisch gar keine Spuren mehr davon vorhanden, doch zu Joycens Zeiten existierte eine sehr effiziente Bahnverbindung von Galway nach Clifden. Diese Strecke wurde 1895 eröffnet und transportierte unzählige Waggonladungen mit frühen Touristen, den Bewohnern der Dörfer im Westen und auch mit Vieh durch Connemara, bis sie schließlich 1935 wieder geschlossen wurde, als das große Bahnsterben in Irland begann. Die Streckenführung verlief über Moycullen, Ross, Oughterard (Joyce hätte also sogar ganz ohne Fahrrad auskommen können), Maam Cross Roads, Recess und die kleine Station Ballynahinch. 1912 fuhren täglich je Richtung zwei Züge; der erste verließ Galway um 9 am Morgen, der zweite um 2 Uhr nachmittags; die Züge hielten an allen Stationen und brauchten für die Strecke etwa 80 Minuten.

Wenn wir das Für und Wider gründlich erwägen, vor allem die zurückzulegende Distanz, Joycens eher unsportliche körperliche Verfassung und die begrenzten zeitlichen Möglichkeiten eines einzigen Tages, so gibt es eigentlich keinen vernünftigen Zweifel mehr daran, daß Joyce statt des Fahrrads ganz gewiß den Zug genommen haben wird. Falls Sie mir allerdings immer noch nicht glauben, kann ich aber auch noch eine Art Kronzeugen präsentieren. Nachdem ich jahrelang glaubte, ich allein hege Zweifel an der Fahrradgeschichte, entdeckte ich unlängst in dem in Galway gedruckten und auch unter Joyceanern wenig bekannten Büchlein *Nora Barnacle Joyce: A Portrait* eines gewissen Padraic O Laoi die folgende Darstellung der Clifden-Episode:

> Eines Tages fuhr Joyce mit dem Zug nach Clifden mit dem Ziel, dort den großen Marconi zu interviewen und einen Artikel über ihn und seine Funkstation für die italienische Presse zu schreiben. Er hatte freilich Pech, denn ausgerechnet an diesem Tag war Marconi nicht in der Stadt.

Unglücklicherweise gibt O Laoi für diese Informationen keine Quellen an, so daß wir nur darüber spekulieren können, ob er sie vielleicht direkt von Verwandten und Bekannten der Familie Barnacle hat (der inzwischen verstorbene Padraic O Laoi war nämlich Pfarrer an der Kirche St. Patrick in Galway, zu deren Pfarrbezirk auch die Familie Barnacle gehörte) oder ob er als gebürtiger Galwayer es einfach nur logisch und über jeden Zweifel erhaben fand, daß man im Jahre 1912, wenn man von Galway für einen Tag nach Clifden wollte, den Zug nahm. In jedem Fall gibt es keinen Grund, daran zu zweifeln, daß O Laois Version der Geschichte die einzig plausible ist.

Nun kann man natürlich auch der Meinung sein, es sei völlig unerheblich, ob Joyce nun mit dem Fahrrad oder mit dem Zug nach Clifden fuhr, ob er womöglich einen Eselstreiber engagierte oder von einem UFO an die Westküste transportiert wurde. An unserem Verständnis seiner Bücher ändert all das gar nichts, und es ändert leider auch nichts daran, daß das beabsichtigte Interview mit Marconi nicht zustande kam. Vielleicht ist es mir mit meiner arg pingeligen Mäkelei an diversen Joyce-Biographien aber doch gelungen, bei Ihnen das Bewußtsein dafür zu schärfen, daß man nicht alles unbesehen glauben darf, was gelehrte Menschen über das Leben des James Joyce zu Papier gebracht haben. Richard Ellmann mag zwar ganze Wagenladungen von Quellen studiert haben, als er seine klassische Joyce-Biographie schrieb, aber nicht bei jedem Satz, den er zu Papier brachte, ist er sich hinreichend der Tatsache bewußt gewesen, daß irgend jemand falsche Schlüsse aus diesen Sätzen ziehen könnte, wenn er sie ungenau formulierte. Seltsamerweise neigen sogar die schärfsten Ellmann-Kritiker unter Joyce-Biographen, die ihren Vorgänger in wichtigen Punkten immer zu widerlegen versuchen, dazu, scheinbar unwichtige Details ungeprüft bei ihm abzuschreiben.

Nun kann man aber natürlich nicht immer alles selbst überprüfen, was man liest, und auch nicht all das, was man verwendet, wenn man etwas schreibt. Das gilt auch für James Joyce, der in seiner Nebenerwerbseigenschaft als Gelegenheitsbeiträger des *Piccolo della Sera* über Dinge zu schreiben pflegte, von denen er eigentlich wenig Ahnung hatte, was freilich nicht auffiel, weil seine italienischen Auftraggeber von diesen irischen Provinzthemen ja noch weit weniger Ahnung hatten. Es ist zwar ausgesprochen schade, daß Joyce überhaupt keinen Bericht von seinem Ausflug ins ländliche Connemara abgestattet hat wie John Millington Synge sieben Jahre zuvor – ein

Joycescher Bericht wäre aber fraglos auch nie und nimmer so fachkundig ausgefallen. Synge reiste im Sommer 1905 ein paar Wochen lang mit dem Maler Jack Yeats durch Connemara und Mayo und schrieb darüber für eine englische Zeitung. Mag sein, daß Joyce davon gehört hatte und mit seinen Artikeln für den *Piccolo della Sera* den halbherzigen Versuch unternahm, dem nachzueifern. Es ist allerdings zu bezweifeln, ob Joyce Connemara je mit anderen Augen als denen des Fremden hätte betrachten können. Sein Zugang zu Irland war und blieb Nora Barnacle, seine „kleine Galway-Braut", deren Vorgeschichte er in Galway suchte.

Was aber ist mit Joycens eigener Familiengeschichte? Was ist mit dem Joyce Country? Immerhin beharrte der Vater von Joyce zeit seines Lebens darauf, seine Familie stamme vom Galwayer Joyce-Stamm ab, und schleppte bei all seinen Umzügen das Wappen der Joyce aus Connemara von Wohnung zu Wohnung. Sohnemann James scheint das nicht interessiert zu haben, denn als er die Gelegenheit hatte, das Joyce Country zu erkunden, traf er dazu keine Anstalten: dabei wäre es von Oughterard aus und erst recht von Maam Cross, das er mit der Bahn durchfahren haben muß, nur einen Steinwurf weit gewesen.

Wenn wir uns heute in das üppig begrünte Tal des Joyce River begeben, um über die Magie des Namens Joyce zu kontemplieren, so haben wir immerhin die Chance, doch noch einen Bogen zurück zu James Joyce zu schlagen. Etwa auf halber Strecke zwischen Maam und Leenane zweigt eine kleine Straße ab. Sie führt am Lough Nafooey vorbei, an dessen Ende wir links nach Maamtrasna abbiegen können. Hier, im Grenzgebiet der Grafschaften Galway und Mayo, siedelte sich Ende des 13. Jahrhunderts ein walisischer Normanne an: Thomas de Joise, der Stammvater der Joyce-Sippe und Namensgeber der

Gegend. Hier, in Maamtrasna, fand 1882, im Geburtsjahr von James Joyce, aber auch ein brutales Verbrechen statt, das bis heute Gegenstand der Legendenbildung ist.

In der Nacht des 17. August wurde eine abgelegen wohnende Familie namens Joyce von Unbekannten überfallen. Fünf Menschen starben; nur der neunjährige Patsy überlebte schwerverletzt. Schon am nächsten Tag wurden drei Männer, die ebenfalls Joyce hießen, bei der Polizei vorstellig und bezeugten, die Täter gesehen und erkannt zu haben. Zehn Männer (darunter wiederum fünf namens Joyce) wurden festgenommen, von denen zwei sich sofort als Kronzeugen gegen die übrigen anboten und freigelassen wurden. Fünf weitere entschlossen sich vor Gericht auf Anraten eines Priesters, sich schuldig zu bekennen, und wurden schließlich zu zwanzigjähriger Haft begnadigt. Die verbleibenden drei Männer beteuerten weiter ihre Unschuld und wurden hingerichtet: Patrick Joyce, Patrick Casey und vor allem Myles Joyce, der noch unter dem Galgen Widerstand leistete und postum zum Märtyrer stilisiert wurde.

Das ganze Verfahren verlief skandalös. Die Angeklagten sprachen nur irisch, aber die Verhandlung wurde auf englisch geführt. Als Dolmetscher fungierte ein Polizist aus Donegal im Norden Irlands, dessen Dialekt für die Angeklagten kaum verständlich war. Die Zeugenaussagen waren mehr als zweifelhaft und entsprangen nur dem Wunsch, unliebsame Nachbarn loszuwerden; die Geständnisse der sieben nicht hingerichteten Angeklagten waren taktisch begründet; Entlastungsmaterial wurde zurückgehalten.

James Joyce muß die volkstümlich aufgebauschte Geschichte der Maamtrasna-Morde schon früh von Nora gehört haben, und 1907 (also *vor* seinen Reisen nach Westirland) schrieb er für den *Piccolo della Sera* darüber den Artikel „Irland vor den Schranken“. Auf ausdrücklichen Wunsch der Zeitung stellte Joyce den Fall als eklatantes Beispiel für das Besatzerunrecht in Irland dar und geißelte die englische Rechtsprechung schärfstens. Allerdings ist Joyce dabei entweder selbst einer folkloristischen Entstellung zum Opfer gefallen oder hat den Fall bewußt tendenziell übersteigert, denn das, was er vorträgt, hält einer kritischen Prüfung nicht stand.

Im Mittelpunkt des Joyceschen Interesses steht sein Namensvetter Myles Joyce, dessen aussichtslosen Kampf um Gerechtigkeit er schildert:

> Vier oder fünf Einwohner, die alle zum uralten Stamm der Joyce gehörten, wurden verhaftet. Der älteste von ihnen, der siebzigjährige Myles Joyce, war der Hauptverdächtige. [...] Das Verhör, das über den Übersetzer geführt wurde, war zeitweise komisch, zeitweise tragisch. [...] Der Richter sagte: „Fragen Sie den Angeklagten, ob er die Dame in jener Nacht gesehen hat.“ Die Frage wurde ihm auf irisch übermittelt, und der alte Mann brach in eine umständliche Erklärung aus, gestikulierte, appellierte an die anderen Angeklagten und an Gott. Dann beruhigte er sich allmählich, erschöpft von der Anstrengung, und der Übersetzer wandte sich zum Richter und sagte: „Er sagt nein, Euer Ehren.“ „Fragen Sie ihn, ob er sich zu dieser Zeit in der näheren Umgebung aufhielt.“ Wieder fing der alte Mann an zu sprechen, zu beteuern, zu schreien; fast außer sich vor Qual, nicht verstehen und sich nicht verständlich machen zu können, weinte er vor Zorn und vor Furcht. Und der Übersetzer wieder ungerührt: „Er sagt nein, Euer Ehren.“

Die Schilderung geht zu Herzen, entspricht aber keineswegs dem, was sich wirklich abspielte: weder war Myles Joyce ein siebzigjähriger Greis noch bemühte er sich in der beschriebenen Weise um lange Erklärungen. Auch die

Details der Urteilsvollstreckung, wie Joyce sie wiedergibt, stimmen nicht.

Daß es Joyce ein persönliches Anliegen war, für seinen Namensvetter eine Lanze zu brechen, liegt auf der Hand; Joyce stilisierte den „sprachlosen alten Mann“ zum „Überbleibsel einer Zivilisation, die nicht mehr die unsere ist“, hoch, zum „Symbol des irischen Volkes“. Der Artikel mündet dann nicht nur in eine Verurteilung Englands, sondern auch in eine Ehrenrettung des ländlichen Irland:

> Wer die von London lancierten Telegramme gelesen hat, muß überzeugt sein, daß in Irland zur Zeit die ungewöhnlichsten Verbrechen geschehen. Eine irrige Ansicht, äußerst irrig. In Irland gibt es weniger Verbrechen als in jedem anderen Land Europas.

Dieser idyllische Eindruck immerhin kann auch demjenigen kommen, der heute durch Connemara und speziell durch das Joyce Country streift: hier geht es heute so geruhsam und friedlich zu wie nur je in der irischen Geschichte. Man kann gar nicht anders, als bei schönem Wetter einen der Berge zu besteigen, die das Tal des Joyce River umstehen, sich rücklings in die Heide zu legen, in den Himmel hinaufzublinzeln und davon zu träumen, wie es hätte kommen können, wenn sich ein zu Ruhm und Geld gekommener Joyce womöglich in Connemara einen Ruhesitz gesucht hätte wie ein alter Saufkumpan und Kollege von ihm. Das Renvyle House wenige Kilometer nördlich des Joyce Country wurde nämlich im Jahr 1917 von dem Hals-Nasen-Ohren-Arzt Oliver St. John Gogarty gekauft, jenem trinkfreudigen Vollblutspötter, der sich als Student eine Zeitlang mit dem jungen Joyce in den Kneipen und Bordellen Dublins herumgetrieben hatte und dafür von Joyce auf eher unangenehme Weise in der Figur des Buck Mulligan im *Ulysses* verewigt wurde. Dem vielseitig sportlichen

Gogarty bot Connemara sicherlich Möglichkeiten, die er besser nutzen konnte als Joyce, denn in seiner Studentenzeit exzellierte er unter anderem als Radfahrer; 1899 stellte Gogarty einen irischen Sprintrekord über die Dreiviertelmeile auf, und er fuhr sogar bei Meisterschaftsrennen mit, bis ihm 1901 die Teilnahme an öffentlichen Rennen untersagt wurde, weil er während eines Rennens laut geflucht hatte. Hätte sich die alte Saufkumpanei von Gogarty und Joyce womöglich wiederbeleben lassen, wenn sich Joyce irgendwo in der Nähe einen schönen irischen Landsitz gesucht hätte?

Aber das bleibt am Ende doch unvorstellbar. Die Joyceschen Ferien in Galway enden unerquicklich: aus Triest hört er, daß die Behörden sein irisches Lehrzertifikat nicht anerkennen und daß seine Zimmerwirtin ihn aus der Bude wirft, und in Dublin scheitert er kläglich bei dem Versuch, seinen Erzählungsband *Dubliner* drucken zu lassen. Frustriert kehrt Joyce Irland den Rücken und kommt nie zurück.

Und auch das Wohlwollen, mit dem er dem armen Myles Joyce begegnet ist, weicht wieder der alten Neigung, Westirland als Ausgeburt von Gewalt, Schmutz und Torfrauch zu sehen. In dem Riesentraumtext *Finnegans Wake* benutzt Joyce Elemente der Maamtrasna-Mordgeschichte für die Episode um den Prozeß gegen einen gewissen Festy King – den Namen Festus King, meint der irische Joyce-Experte John Garvin, könnte Joyce an einer Ladenfront in Clifden gesehen haben, als er nach Marconi suchte. Von einem „wasnottobe crime cunundrum“ ist hier die Rede und von „blackfaced connemaras“, Connemara-Schwarzgesichtern, und die Beschreibung solch armer, geschundener Bauern wie Myles Joyce liest sich nun so: „a child of Maam, Festy King, [...] gave an address in old plomansch Mayo of the Saxons in the heart of a foulfamed potheen district.“ Ganz frei übersetzt heißt das: wir befinden uns im Herzen einer üblen, stinkigen Schwarzbrennergegend, und ein Einheimischer quatscht in unverständlichstem Kauderwelsch daher.

Damit ist der romantisierende Ausflug, den James Joyce in den irischen Westen unternommen hat, endgültig zu Ende, und die Arroganz des Großstädters hat wieder die Oberhand gewonnen. Für die Joycesche Wortkunst war das ganz gewiß von Vorteil, denn an archaisierenden Idyllenschreibern hat es in Irland nie gefehlt, und so trösten wir uns am besten mit dem Gedanken, daß es der von so vielen Schicksalsschlägen gebeutelten Familie Joyce wenigstens vier Wochen lang gelungen ist, jenseits der Literatur die besten Seiten Galways und Connemaras zu genießen. Wie hatte doch Nora aus Galway geschrieben? „die Luft ist herrlich hier und das Essen [...] Jim geht es auch sehr viel besser und mir auch."

Zitatquellen:

Peter Costello: *James Joyce: The Years of Growth 1882-1915.* London: Kyle Cathie 1992, S. 297 f.

Richard Ellmann: *James Joyce.* Revidierte und ergänzte Ausgabe. Frankfurt a.M.: Suhrkamp 1994, S. 487.

Herbert Gorman: *James Joyce. Sein Leben und sein Werk.* Mit einem Nachtrag von Carola Giedion-Welcker. Üb. v. Hans Hennecke. Hamburg: Claassen 1957, S. 229 f.

James Joyce: *Briefe I.* Hg. v. Richard Ellmann, üb. v. Kurt Heinrich Hansen. Frankfurt a.M.: Suhrkamp 1969, S. 422 f., 427 f., 430 f., 511, 512, 515, 516.

James Joyce: *Dubliner.* Üb. v. Dieter E. Zimmer. BS 418. Frankfurt a.M.: Suhrkamp 1974 (darin: „Die Toten"), S. 226 f., 229.

James Joyce: *Finnegans Wake. In englischer Sprache.* es 1439. Frankfurt a.M.: Suhrkamp 1987, S. 85, 407.

James Joyce: *Gesammelte Gedichte.* Üb. v. Hans Wollschläger. es 1438. Frankfurt a.M.: Suhrkamp 1987 (darin: „Sie weint über Rahoon"), S. 87.

James Joyce: *Kritische Schriften*. Üb. v. Hiltrud Marschall. BS 313. Frankfurt a.M.: Suhrkamp 1973 (darin: „Irland vor den Schranken“, „Die Stadt der Stämme“, „Die Fata Morgana des Fischer von Aran“), S. 158 f., 162, 210, 215, 216, 217 f., 220.

Brenda Maddox: *Nora. Das Leben der Nora Joyce*. Üb. v. Karin Kersten. Köln: Kiepenheuer & Witsch 1990, S. 212.

John McCourt: *The Years of Bloom: James Joyce in Trieste 1904-1920*. Dublin: The Lilliput Press 2000, S. 184.

Padraic O Laoi: *Nora Barnacle Joyce: A Portrait*. Galway: Kenny's Bookshop and Art Galleries 1982, S. 90.

Daniel von Recklinghausen: *James Joyce – Chronik von Leben und Werk*. es 283. Frankfurt a.M.: Suhrkamp 1968, S. 48.

Songs for Lovers
James Joyce als Liebeslyriker

Mit dem Namen James Joyce verbinden wir vieles, aber gewiß nicht in erster Linie Lyrik und schon gar nicht Liebesdichtung. Joyce war ein unübertroffener Meister der Prosa, zudem ein Revolutionär nicht nur der Sprache und der Formen, sondern auch der Themen. Mit Vorliebe schrieb er über die Verrichtungen des Alltags, also über recht profane Gegenstände, neben denen so unalltägliche und himmlische Dinge wie die Liebe und ihre poetische Anrufung kaum einen Platz finden konnten – und wenn, dann höchstens als enttäuschte Hoffnung und frustriertes Begehren. Die Welt des *Ulysses* ist eine Welt nüchterner Erfahrungen und eines prosaischen Daseins, dem wir, wenn wir lernbereit sind und uns ein paar Scheiben vom Allerweltshelden Leopold Bloom abschneiden, vielleicht mit milder Freundlichkeit begegnen können, jedoch nicht mit glühender Liebe.

Aber ein Buch wie der *Ulysses* fällt nicht vom Himmel, und bevor Joyce es wagen konnte, ein dickes Buch um den freundlichen Bloom herum zu bauen, mußte er die Virtuosität seiner Sprache lange üben, indem er sich einem weniger freundlichen, dafür von Leidenschaften aufgewühlten Helden widmete: Stephen Dedalus, dem Spiegel der Joyceschen Jugend. Stephen aber ist Dichter oder möchte es jedenfalls gern sein; eine Zukunft als feuriger Lyriker hatte sich auch der junge Joyce selbst eigentlich erträumt.

Tatsächlich scheint das früheste Werk von Joyce ein Gedicht gewesen zu sein. Er schrieb es 1891, als Neunjähriger, und sein stolzer Vater ließ das hochtrabend „Et tu, Healy“ betitelte Werk sogar drucken und unter Freunden verteilen, weil sein Sprößling darin so wortreich den Tod des von seiner Partei verratenen irischen Politikers Charles Stewart Parnell beklagte. Bei dem Gedicht, von dem nur Bruchstücke bekannt sind, handelte es sich also um ein politisches Pamphlet, das erste und letzte, das Joyce schrieb. Von nun an suchte er sich produktivere Themen.

Auf dasjenige der Liebe verfiel er ab 1896. In diesem Jahr lernte der Jüngling nicht nur in den dunklen Gassen seiner Heimatstadt Dublin die körperliche Liebe kennen, sondern begann auch mit der Abfassung lyrischer Gedichte, die er zu einer Sammlung mit dem Titel *Moods* (*Stimmungen*) zusammenstellte. Bis zum Ende der 1890er Jahre wuchs diese Sammlung auf fünfzig bis sechzig Gedichte an, die vor allem von den Liedern der englischen Renaissance und den Dichtungen William Blakes beeinflußt waren, während Joyce die englischen und irischen Dichter seiner Zeit (mit Ausnahme von William Butler Yeats) wenig schätzte. Leider hat sich aus der Sammlung *Moods* gar nichts erhalten.

Um die Jahrhundertwende verwarf Joyce die *Moods* und arbeitete an einer neuen Sammlung, die unter dem Titel *Shine and Dark* (*Glanz und Dunkel*) zwei Gruppen von Liebesgedichten einander gegenüberstellte; in der einen Gruppe sollte es um „Freude“, in der anderen um „Sünde“ gehen. 1901 bot Joyce dem englischen Literaturkritiker und Übersetzer William Archer einige der Gedichte für eine Anthologie an; Archer jedoch fand sie ebensowenig überzeugend wie das Theaterstück *A Brilliant Career* (*Eine glänzende Karriere*), das Joyce ihm schon zuvor eingereicht hatte. Joyce vernichtete daraufhin die Manuskripte und auch das Versdrama *Dreamstuff* (*Traumzeug*), an dem er gleichzeitig gearbeitet hatte – er wollte auf höherem Niveau noch einmal ansetzen. Von *Glanz und Dunkel* und den beiden Dramen sind nur wenige Fragmente erhalten, die sich sehr viel später im Nachlaß des Joyce-Bruders Stanislaus fanden[1], außerdem die Villanelle der Versucherin „Kannst du das feurig' Licht ertragen?"[2], die Joyce seinem ersten Roman *Ein Porträt des Künstlers als junger Mann* einfügte, um die poetischen Liebessehnsüchte des autobiographischen Helden Stephen Dedalus zu illustrieren.

Die poetischen Liebessehnsüchte von Joyce selbst waren mit der Vernichtung der Jugendwerke keineswegs gestillt. Von 1901 bis 1904 arbeitete er an neuen Gedichten, die er, wenn er sie fertig hatte, in Schönschrift auf große Papierbögen schrieb, mit denen er die Literaten Dublins zu beeindrucken suchte. Als Titel oder Untertitel einer Sammlung dieser Gedichte hatte Joyce ursprünglich wohl *A Book of Thirty Songs for Lovers* (*Ein Buch mit dreißig Gedichten für Liebende*) im Sinn gehabt; tatsächlich geht es in allen Gedichten dieses Zyklus um eine idealisierte, wenn auch oft unerwiderte, enttäuschte oder hintergangene Liebe. In *Stephen der Held*, dem ersten Versuch, seine Jugendjahre in einen Roman umzusetzen, umreißt Joyce, unter welchen Umständen er seine Liebesgedichte schrieb und an welche Grenzen er dabei stieß:

> Die Liebesgedichte waren für ihn ein Vergnügen: er schrieb sie in langen Abständen, und wenn er schrieb, war es stets eine reife und durchdachte Empfindung, die ihn dazu trieb. Aber in seinem Ausdrucksbemühen um die Liebe sah er sich genötigt, das, was er die feudale Terminologie nannte, zu benutzen, und da er

---

[1] Vgl. James Joyce, „Traumzeug", Fragment aus einer verlorenen Verskomödie, 1900, in *Liebesgedichte*, üb. v. Hans Wollschläger, hg. v. Friedhelm Rathjen (Frankfurt a.M. und Leipzig: Insel 2008), S. 65-67; ders., „Glanz und Dunkel", Fragmente aus einer verlorenen Gedichtsammlung, um 1900, ebd., S. 69-77; ders., „Eine glänzende Karriere", Fragment aus einem verlorenen Theaterstück, 1900, ebd., S. 79-81.

[2] Vgl. James Joyce, *Ein Porträt des Künstlers als junger Mann*, üb. v. Friedhelm Rathjen (München: Manesse 2012), S. 274 f.

sie nicht mit derselben Gläubigkeit und Absicht benutzen konnte, die die feudalen Dichter beseelt hatten, war er genötigt, seiner Liebe einen leicht ironischen Ausdruck zu geben. Dieser Beiklang von Relativität, sagte er, der sich in eine so immune Leidenschaft mischt, ist ein moderner Ton: wir können ein ewiges Treuebündnis weder schwören noch erwarten, weil wir zu genau die Grenzen jeglicher menschlichen Energie kennen. Es ist dem modernen Liebhaber nicht möglich, sich das All als Helfershelfer seiner Liebesaffaire zu denken, und die moderne Liebe verliert zwar etwas von ihrer wilden Entschlossenheit, gewinnt aber dafür an Liebenswürdigkeit.[3]

Die Joyceschen Liebesgedichte aus dieser Zeit orientieren sich handwerklich perfekt an älteren Formen – vor allem den Liedern der Elisabethaner –, füllen aber dieses vormoderne Formenrepertoire mit einer modernen Auffassung dessen, was die Liebe ist. Der Effekt ist eine eigenartige Spannung zumindest der besten dieser Gedichte. Sie klingen sprachlich, rhythmisch und reimtechnisch nach einer vergangenen Zeit, transportieren freilich Sehnsüchte, die durchaus modern sein können. Joyce ging es darum, „die perfektesten Liebeslieder unserer Zeit“[4] zu schreiben, was in seinen Augen nur möglich war, solange er nicht wirklich verliebt war, sondern dichtend eine ideale, überwirkliche Liebe besingen konnte. In dem Moment, in dem Joyce – im Juni 1904 – seine große Liebe Nora Barnacle kennenlernte, mit der er den Rest seines Lebens teilen sollte, versiegte deswegen der Strom

---

3 James Joyce, *Stephen der Held*, in *Stephen der Held / Ein Porträt des Künstlers als junger Mann*, üb. v. Klaus Reichert (Frankfurt a.M.: Suhrkamp 1972), S. 5-250, hier S. 184 f.

4 Zitiert nach Wilhelm Füger, *James Joyce. Epoche, Werk, Wirkung* (München: Beck 1994), S. 96.

der Verse. Erst sehr viel später versuchte Joyce, die Liebesideale auf seine reale Liebe zurückzubiegen; in einer Zeit der Beziehungskrise schenkte er Nora 1909 zu Weihnachten das eingebundene Exemplar einer mit kunstvoll ornamentierten Initialen versehenen handschriftlichen Abschrift des Gedichtzyklus auf Pergament.

Versuche, den Zyklus unter dem Titel *Chamber Music* (*Kammermusik*) bei einem Verlag unterzubringen, hatte Joyce seit 1905 unternommen, doch als der Band zwei Jahre später als seine erste Buchveröffentlichung endlich erschien, war das Interesse des Autors schon spürbar geschwunden: „Ich bin froh, daß die Gedichte veröffentlicht werden sollen, weil sie ein Dokument meiner Vergangenheit sind, aber ich bedaure, daß die Jahre vorübergehen“[5], schrieb er seinem Bruder Stanislaus, der die endgültige Abfolge der 36 Gedichte eingerichtet hatte. Stanislaus Joyce hat die Gedichte so geordnet, das die erste Hälfte des Zyklus die verführerische Werbung um eine Geliebte schildert, die sich dann aber offenbar abwendet, woraufhin in der zweiten Hälfte der Gestus von Klage und Enttäuschung vorherrscht.[6] Einige wenige aus dem Zyklus ausgesonderte Gedichte wurden erst lange nach dem Tod von Joyce aufgefunden, darunter „Kommt, seht, wie Jugend sich ergetz’“[7].

Als *Kammermusik* 1907 erschien, hatte Joyce die Abfassung von Gedichten ganz aufgegeben; erst ab 1913 entstanden – ausgelöst fast immer durch persönliche Krisen und private Erfahrungen – neue Verse, in denen Joyce seine unerfüllbare Liebe zu Frauen seiner Umgebung,

---

5 James Joyce, *Briefe I*, hg. v. Richard Ellmann, üb. v. Kurt Heinrich Hansen (Frankfurt a.M.: Suhrkamp 1969), S. 342.

6 Vgl. James Joyce, *Kammermusik*, 1907, in *Liebesgedichte*, a.a.O., S. 7-44.

7 Vgl. James Joyce, „Kommt, seht, wie Jugend sich ergetz’“, ebd., S. 86.

aber auch die väterliche Liebe zu seinen beiden Kindern zum Ausdruck brachte. Bis 1918 waren so elf Gedichte beisammen, 1924 kam noch „Ein Gebet“ hinzu; diese zwölf lyrischen Texte ließ Joyce (unter Hinzufügung eines viel älteren Gedichts als „Zugabe“, um das Bäckerdutzend zu komplettieren) 1927 von seiner Pariser Verlegerin Sylvia Beach als schmales Bändchen unter dem Titel *Pomes Penyeach* (*Pöme Penysstück*) drucken.[8] Hauptzweck der Publikation war, daß Joyce den Kritikern seines im Entstehen begriffenen Rätselromans *Finnegans Wake* beweisen wollte, er sei immer noch fähig, auch etwas ganz Schlichtes und Zugängliches zu schreiben.

Nachdem das Verbot des lange als pornographisch verkannten *Ulysses* schließlich in England und Amerika aufgehoben wurde und Joyce dort in den namhaftesten literarischen Verlagen publiziert werden konnte, erschien dort 1936 der Band *Collected Poems*, der allerdings außer *Kammermusik* und *Pöme Penysstück* nur ein einziges Gedicht enthielt, „Ecce Puer“ von 1932, ein recht persönlich gehaltener Niederschlag der Joyceschen Vater- und Enkelliebe[9]. Weit ist der Weg inhaltlich von den schwärmerischen Liebesgedichten des jugendlichen Joyce bis zu diesem Gedicht des liebenden Großvaters; formal allerdings hat sich die Joycesche Lyrik zwischen 1900 und 1932 weit weniger verändert, als sich das von der Prosa sagen läßt, die Joyce im selben Zeitraum radikal revolutionierte.

Neben den gleichsam offiziellen Gedichten, die in den *Collected Poems* gesammelt wurden, und den größtenteils verlorenen Jugendgedichten, deren fragmentarische Reste erst nach dem Tod von Joyce zugänglich wurden, gibt es noch einen dritten Strang der Joyceschen Gedichtproduk-

---

[8] Vgl. James Joyce, *Pöme Penysstück*, 1927, ebd., S. 45-59.

[9] Vgl. James Joyce, „Ecce Puer“, ebd., S. 63.

tion, nämlich die sogenannten Gelegenheitsverse. Fast sein Leben lang hat Joyce aus aktuellen Anlässen, die fast immer in seinem persönlichen Umfeld zu suchen waren, notdürftig gereimte Texte verfertigt, um die vielen Mitmenschen, von denen er sich schlecht behandelt fühlte, wütend, höhnisch oder spöttisch aufs Korn zu nehmen oder auch die wenigen Mitmenschen, denen er Dank schuldete, neckisch zu belobigen. Diese Verse, oft in Form von Limericks gehalten oder parodistisch ans Floskelrepertoire bekannter Volkslieder angelehnt, sind in ihren besten Momenten einigermaßen witzig, aber kaum poetisch – und Gedichte eines Liebenden sind es schon gar nicht. Zwei Ausnahmen allenfalls gibt es: 1925 besang Joyce in „Post Ulixem Skriptum“[10] die lebenslustige weibliche Hauptfigur des *Ulysses*, Molly Bloom, vier Jahre später dann die Anna Livia Plurabelle seines letzten großen Schreibprojekts *Finnegans Wake*[11]. Die eigentliche Joycesche Liebe, das mögen wir daraus lernen, galt fast sein Leben lang zuvorderst den Produkten der eigenen Phantasie, seinen Büchern, vor allem den Romanen.

Die Liebe der Joyce-Fans gilt diesen Romanen ebenso, die Gedichte hingegen werden von ihnen kaum beachtet und (sicherlich nicht ganz zu Unrecht) als Nebenwerk abgetan. Daß *Kammermusik* heute im Schatten des *Ulysses* steht und *Pöme Penysstück* in dem von *Finnegans Wake*, ist nur zu natürlich und verhindert jeden vorurteilsfreien Blick auf das lyrische Schaffen von Joyce. Frühe Zeitgenossen hatten es da einfacher, denn als sie den Band *Kammermusik* in die Finger bekamen, konnten sie noch nicht ahnen, daß der Autor einmal mit ganz anderen Büchern weltberühmt werden würde. *Kammermusik* wurde allgemein freundlich besprochen, und vielleicht

---

[10] Vgl. James Joyce, „Post Ulixem Skriptum“, ebd., S. 89 f.
[11] Vgl. James Joyce, „Habt dies Buch, braun gebunden“, ebd., S. 91.

hilft der Blick in jene frühen Rezensionen, sich heute besser vorzustellen, wie Joyce damals wahrgenommen werden konnte.

Der Ire Thomas Kettle, ein Joycescher Bekannter aus gemeinsamen Studientagen, hebt hervor, daß das Buch „ganz und gar literarisch“ und darin nichts von dem folkloristischen Einschlag zu finden sei, der ansonsten die ganze zeitgenössische irische Literatur kennzeichne – insofern war *Kammermusik* also durchaus etwas Neues, gerade im Rückgriff auf ältere literarische Traditionen. Weiter schreibt Kettle: „Es gibt nur ein Thema hinter der Musik, eine Liebe, anmutig und auf ihre Weise seltsam eindringlich, freilich geformt nach veranlagungsbedingten und literarischen Gesetzen, welche zu streng sind, um ein Hinübergleiten in den großen Tumult der Leidenschaften zu erlauben.“[12] Joyce, so wollen wir das verstehen, liebt gewissermaßen mit angezogener Handbremse, weil er literarisch liebt.

Der anonyme Rezensent des *Glasgow Herald* preist die „altmodische Lieblichkeit und Schmacklichkeit“[13] der Joyceschen Gedichte, also etwas, was wir heute nicht unbedingt mit dem Namen Joyce verbinden würden. Im *Daily Chronicle* erscheint eine weitere anonyme Rezension, von der wir erst seit kurzem wissen, daß sie aus der Feder von Edward Thomas stammt, einem Kritiker, der sich wenige Jahre später als einer der produktivsten Lyriker seiner Zeit entpuppen sollte. Thomas findet an der „Reinheit und Klarheit“ der Joyceschen Verse nur bedingt Geschmack, zitiert aber lobend Gedicht XVIII („O Lieb-

---

[12] Thomas Kettle im *Freeman's Journal*, 1. Juni 1907, zitiert nach dem Wiederabdruck in Robert H. Deming (Hg.), *James Joyce. The Critical Heritage*, Bd. 1: 1902-1927 (London: Routledge & Kegan Paul 1970), S. 37.

[13] Zitiert nach ebd., S. 42.

ling, höre") und kommentiert: „Wenn er in jedem der sechsunddreißig Gedichte so gut wäre, würden wir sagen: je mehr er schreibt, desto besser."[14]

Im deutschen Sprachraum wurde Joyce erst wahrgenommen, nachdem der *Ulysses* erschienen war, und deswegen gleich als großer Sprach- und Formenerneuerer. Den Blick auf die frühe Lyrik hat das freilich nicht gänzlich verstellen können. Iwan Goll nennt 1927 *Kammermusik* „ein Bändchen sehr stiller und melodiöser Verse" und „zart wie ein Morgenhauch"[15]; für Ernst Robert Curtius, der sich im Jahr darauf ebenfalls mit *Kammermusik* befaßt, bewegen sich die Verse „im strengen Stil elisabethanischer Madrigale. Und dennoch sind es keine Exerzitien, sondern ganz durchseelte, zarte Liebesverse von bestrickendem Wohllaut."[16] Hans Hennecke findet noch in seinem Nachruf auf Joyce 1941 Lobesworte für die „Sammlung kurzer Gedichte, deren jedes in Stil und Melodik wie ein wortgewordener Hauch der Seele ist."[17]

Ein Vierteljahrhundert später ist Arno Schmidt weitaus kritischer. Er nennt die beiden Joyceschen Gedichtbände „seidenbunte Sächelchen – apart changierend; zugegeben – die aber zur selben Zeit 100 Andere auch geliefert ha-

---

[14] [Edward Thomas], „Some New Singers", in *The Daily Chronicle*, 31 August 1907; die komplette Rezension wird in Faksimile und Zitat wiedergegeben in Friedhelm Rathjen, „James Joyce / Edward Thomas. Drei Versuche, eine Verbindung zu erfinden", in *Die Kunst des Lebens. Biographische Nachforschungen zu Arno Schmidt & Consorten* (Scheeßel: Edition ReJoyce 2007), S. 95-104, hier S. 97 f.; wieder abgedruckt im vorliegenden Band, S. 65-74, hier S. 67 f.

[15] Iwan Goll, zitiert nach Wilhelm Füger (Hg.), *Kritisches Erbe. Dokumente zur Rezeption von James Joyce im deutschen Sprachbereich zu Lebzeiten des Autors. Ein Lesebuch* (Amsterdam: Rodopi 2000), S. 130.

[16] Ernst Robert Curtius, zitiert nach ebd., S. 227.

[17] Hans Hennecke, Nachruf auf James Joyce, zitiert nach ebd., S. 411.

ben. Einige Dutzend Leute sogar besser.“ Als Beispiele für diese Besseren nennt er Hopkins, Rilke und Däubler, sagt aber gleich dazu, daß er diese drei „nicht übermäßig schätze“[18] – überhaupt mag Arno Schmidt Gedichte so wenig, daß er als ernsthafter Richter auf lyrischem Felde wohl ausscheidet.

Bitten wir zum Schluß also lieber noch einen wahren Lyrikkenner um sein Urteil. Seamus Heaney hat 1982 aus Anlaß des hundertsten Geburtstags von Joyce einen kurzen Aufsatz über dessen lyrisches Werk verfaßt, in dem er zu einem ausgewogenen Urteil kommt: „Gewiß, die Gedichte sind wohlgestimmt und wohlgetrimmt, sie verfügen über technische Raffinesse, einen Hauch des Elegischen und Pathetischen. Aber von Interesse sind sie hauptsächlich, weil sie von Joyce geschrieben wurden, und hauptsächlich überraschen sie, weil sie so ganz anders sind als andere Teile seines Werks.“ Zwar preist Heaney die Joycesche Poesie in höchsten Tönen – allerdings nicht die Poesie der Lyrik, sondern die der Prosa bestimmter Teile des *Ulysses*; die Joycesche Lyrik sei damit verglichen nur ein Stimmen der Instrumente. Und Heaney gibt uns einen Ratschlag: „Vielleicht ist die beste Methode, uns an diesen Gedichten zu erfreuen, die einer ganz leichten ästhetischen Distanziertheit, eines Kennerblicks. Und dies scheint in der Tat die Methode gewesen zu sein, mit der Joyce selber Dichtung zu schätzen wußte. In *Ein Porträt des Künstlers als junger Mann* liebt Stephen – wie Joyce im echten Leben – die Lieder der Elisabethaner, die klagenden und melodiösen Rhythmen von Nashe und Dowland und Shakespeares Liedern. Das ist Dichtkunst

---

[18] Arno Schmidt, „Das Buch Jedermann. JAMES JOYCE zum 25. Todestage“, in *Dialoge 3*, Bargfelder Ausgabe, Bd. II/3 (Zürich: Haffmans 1991), S. 231-256, hier S. 234.

als Kammerzofe der Musik, als Anreiz und Einladung zum Träumen."[19]

Es stimmt, wir werden den Joyceschen Liebesgedichten nicht gerecht, wenn wir sie nur als gedruckte Texte betrachten und ihr musikalisches Potential außer Acht lassen. Diese Gedichte wollen gesungen werden. Schon Joyce selbst beharrte 1907, als er sich von der Lyrik zu distanzieren begann, dem Bruder gegenüber darauf: „Aber einige davon sind hübsch genug, vertont zu werden."[20] Wenn das ein Aufruf an Komponisten war, verhallte er nicht ungehört. Geoffrey Molyneux Palmer war 1909 der erste, der dem Aufruf nachkam, er setzte insgesamt 32 der Gedichte in Musik; rund hundertfünfzig weitere Komponisten folgten, darunter Samuel Barber, Luciano Berio, Anthony Burgess, Nicholas Nabokov (der Cousin des *Lolita*-Autors) – und der ehemalige Pink-Floyd-Gitarrist Syd Barrett, der das Gedicht V („Beug aus dem Fenster dich") unter dem Titel „Golden Hair" für seine Debüt-LP von 1969 vertonte.

Die Liebesgedichte von James Joyce sind also im Grunde Liebeslieder. Vergessen wir nicht, daß Joyce, der eine schöne Tenorstimme besaß, um ein Haar Sänger und nicht Schriftsteller geworden wäre (seine Lebensliebe Nora trauerte der verpaßten Chance zeitlebens nach). 1904, als die Arbeit an den Gedichten von *Kammermusik* zu Ende ging, faßte Joyce den etwas verwegen klingenden Plan, sich eine Laute bauen zu lassen, damit durch südenglische Seebäder zu tingeln und zu eigener Begleitung Renaissance-Lieder vorzutragen, um sich das Geld zu

---

[19] Seamus Heaney, „Joyce's Poetry", in *Finders Keepers. Selected Prose, 1971-2001* (London: Faber 2002), S. 388-390. Vgl. auch Friedhelm Rathjen, „Was bleibt? Eine Fährtensuche am Strand von Sandymount", in *Flußgefließe. Aufsätze zu James Joyce* (Scheeßel: Edition ReJoyce 2008), S. 33-46.

[20] Joyce, *Briefe I*, a.a.O., S. 396.

verdienen, das das Schreiben ihm nicht eintrug. Aus diesem Plan wurde nichts – aber wir haben seine Liebesgedichte, die einer Verwirklichung des Plans zumindest in der Phantasie nahekommen. In ihnen ist ein Joyce zu entdecken, der nicht jener Joyce ist, den wir kennen; aber es ist ein Joyce, den kennenzulernen sich durchaus lohnt.

Vom Nutzen und Nachteil der Biographie für das Lesen
James Joyce und die biographisch orientierte Forschung

Der harte Kern der Joyce-Gemeinde gedenkt also alljährlich des 16. Juni 1904, jenes Tags der Handlung des Überromans *Ulysses*, in dem Joyce den zum „Weltalltag" erhobenen Alltag des Anzeigen-Akquisiteurs Leopold Bloom schildert. Alljährlich auch kann sich manch einer der Nicht-Joyceaner, die es auf der Welt leider auch noch gibt, eines leichten Anflugs der Belustigung nicht erwehren: wird hier doch allen Ernstes der Jahrestag eines Ereignisses begangen, das nur in der Fiktion existiert. Das mag auf den ersten Blick tatsächlich abwegig erscheinen, ist dies aber bei genauerem Hinsehen im Fall eines Schriftstellers in weitaus geringerem Maße als etwa der Kult, der andernorts mit Geburts- und Todestagen getrieben wird; der nämlich taugt in den allermeisten Fällen doch vornehmlich dazu, das Augenmerk des Publikums statt auf das Werk der betreffenden Autoren auf deren Leben zu lenken. An Geburtstagen werden Autoren geehrt, nicht Bücher. Um die Bücher aber sollte es der Beschäftigung mit Literatur zu allererst gehen, sofern sie überhaupt noch Wert darauf legt, sich mehr als nur graduell vom Rummel der diversen Unterhaltungsindustrien zu unterscheiden. Seien wir, wenn wir uns bei der Erinnerung an literarische Großtaten schon dem Diktat des Kalenders unterwerfen müssen, also ruhig dankbar dafür, daß sich hier ein Anlaß zum Feiern anbietet, der dem Grund des Feierns, der Literatur nämlich, nähersteht als die zufälligen biographischen Eckwerte des Autors.

Dabei wendet sich das Interesse von Wissenschaftlern, Kritikern und (damit beinahe zwangsläufig) Lesern ohnehin schon in beunruhigendem Maße der Person James Joyce zu. Immer neue Philologengenerationen überbieten sich bei der Interpretation des Joyceschen Œuvres aus einem Wust an biographischen Einzelheiten heraus. Der Grund dafür ist nicht schwer zu finden: Beinahe alles, was Joyce geschrieben hat, ist „schwierig" in dem Sinne, daß dem Leser nicht mit jedem gelesenen Satz dessen Bedeutung wie im Schlaraffenland sogleich entgegenspringt. Bedeutungen, Anspielungen, oft genug sogar bloße Inhalte wollen erst ermittelt sein. Wenn aber Bedeutungsunsicherheiten auch nach genauem und mehrmaligem Lesen noch bestehen bleiben – und es sei zugegeben, daß es das bei der Joyce-Lektüre nicht eben selten gibt –, dann sieht sich der Interpret genötigt, nach erklärenden Hilfskonstruktionen jenseits des Textes Ausschau zu halten. Häufig ist es die Biographie, die dafür herhalten muß – man denke nur an Franz Kafka, dessen ebenfalls nicht unmittelbar zugängliche Romanwelt auch zu einer Flut biographischer Studien geführt hat. Das letzten Endes Verhängnisvolle im Falle Joyce ist dabei, daß die entsprechenden Forscher in solch reicher Fülle fündig wurden, daß ihnen Zweifel am eigenen Tun gar nicht mehr kommen konnten.

Inzwischen weiß wohl auch der flüchtigste Leser, daß Joyce als Material für seine Bücher vornehmlich das eigene Leben benutzte und die Figur des Stephen Dedalus mit Zügen der eigenen Person ausstattete. Daß solche Affinitäten beileibe nicht Gleichsetzungen aufzufassen sind, geht auch professionellen Interpreten nicht immer auf. Eine durchaus gängige Interpretationspraxis besteht darin, zur Stützung der Argumentation die Meinungsbekundungen Stephens mit den irreführend als *Kritische Schriften* bezeichneten Schulaufsätzen, Universitätsvorträgen und Zeitungsbeiträgen des jugendlichen Joyce undifferenziert zu verquicken und so zu tun, als habe man mit der Summe aus beidem die Intentionen und Positionen des 40jährigen *Ulysses*-Autors Joyce in Händen.

Nicht nur vom (gleichwohl vielleicht eher quantitativ als qualitativ zu Buche schlagenden) Erfolg ihres Tuns fühlen sich die Verfechter des biographischen Ansatzes bestätigt, sondern gerne auch von der neunten *Ulysses*-Episode, halboffiziell mit dem homerischen Titel „Skylla und Charybdis" versehen, die in mancherlei Hinsicht so etwas wie das Schlüsselkapitel des Romans ist. Hier treibt, so will es scheinen, der eigensinnige Stephen Dedalus genau das, was auch die biographisch orientierte Joyce-Forschung versucht: er interpretiert das Werk Shakespeares auf der Grundlage einiger recht waghalsig miteinander verknüpfter Annahmen über dessen Leben. „Aber dies Herumschnüffeln im Familienleben eines großen Mannes" – „Das interessiert doch bloß den Gemeindeschreiber": diese Kritik an Stephens Verfahren wird von dem neokeltischen Theosophen A.E. (alias George William Russell) vorgebracht, dessen Bild Joyce als das eines dogmatischen Traditionalisten zeichnete, so daß die *Ulysses*-Interpreten seine Ansichten mit einigem Recht als irrelevant abtun können. Dennoch ist die aus der „Skylla-und-Charybdis"-Episode extrahierte These, Joyce akzeptiere die Ableitung der Werkinterpretation aus der Biographie des Autors als legitimes Verfahren der Philologie, nur bei vordergründiger Betrachtung stichhaltig. Einer solchen Argumentation liegt nämlich implizit die Auffassung zugrunde, bei Stephens Shakespeare-These handele es sich um eine literaturwissenschaftliche Theorie. Genau das ist sie eben nicht. Gemeint ist sie als Behauptung der Kunst.

Mit der Figur des Stephen Dedalus entwarf Joyce *Ein Porträt des Künstlers als junger Mann*, wie der Roman über dessen Kindheit und Jugend nicht zufällig heißt. Ein Künstler aber ist Stephen auch, wenn er über Shakespeare nachsinnt. „Vorhang auf“, raunt er sich selbst zu, „Aufbau des Schauplatzes“ und „Lokalkolorit. Arbeit alles ein, was du weißt.“ Nach vollbrachtem Werk fragt einer der skeptischen Gesprächspartner: „Glauben Sie denn an Ihre eigene Theorie?“ Und: „ein, sagte Stephen prompt.“ Es geht gar nicht darum, ob Stephen an seine „Theorie“ glaubt oder nicht, denn es gibt hier überhaupt nichts zu glauben: Stephen hat keine „Theorie“ entworfen, sondern ein Werk der Kunst geschaffen, das weder wahr noch falsch sein kann – als Kunstwerk ist es per definitionem existent. Hier geht es demnach nicht mehr um den *Hamlet* von William Shakespeare, sondern gewissermaßen um den *Shakespeare* von Stephen Dedalus.

Die Wirklichkeit des Lebens also kann hier kein Maßstab mehr sein. Realität wird allenfalls als Modell benutzt – sie bietet die Bausteine an, aus denen die neue, subjektive Wirklichkeit der Kunst zusammengefügt wird. Dieses Prinzip bedeutet natürlich eine Überwindung des literarischen Realismus: Joyce *be*schreibt nicht die Welt, er *er*schreibt sich eine Welt (und selbst noch die Ersetzung des bestimmten Artikels durch den unbestimmten ist **als** signifikant: die Welt verliert ihre Objektivität – nicht umsonst heißt Joycens erster Roman *EIN Porträt des Künstlers*). Dem Realismus der Kunst setzt Joyce die Realität des Romans entgegen – „Er schreibt nicht *über* etwas; *sein Schreiben ist dieses etwas selbst*“, schrieb Samuel Beckett in seinem frühen Essay über *Finnegans Wake*.

Mit dem Realismus geht notwendig auch jegliche darstellerische Objektivität verloren. Anstelle der objektiven Wirklichkeit gibt es nur Wirklichkeitsauffassungen, und die sind immer subjektiv. Deutlich wird dies besonders am Beispiel der 15. („Kirke“-) Episode von *Ulysses*, die formal als Drama gestaltet ist, also die Eigenheiten jenes literarischen Genres übernimmt, das infolge seiner auf die konkrete, unvermittelte Darstellbarkeit angewiesenen spezifischen Gegebenheiten für eine realistische Darbietungsweise besonders prädestiniert scheint. Der glühende Ibsen-Bewunderer Joyce wandte hier nämlich gerade nicht mehr die Darstellungsweisen des Naturalismus an, die er seinen (nicht erhaltenen) Jugendstücken *A Brilliant Career* und *Dream Stuff* und dem an der Schwelle zur künstlerischen Reife entstandenen Drama *Verbannte* zugrundelegte, sondern übernahm die Errungenschaften des expressionistischen Theaters. Dramatisch gestaltet wird nicht so sehr die Außenwelt, sondern deren Brechung in den höchst subjektiven, zu Phantasmagorien neigenden Bewußtseinsschichten der Protagonisten Stephen und Bloom. Hier werden abstrakteste Phantasievorstellungen konkrete Realität – selbst „DAS ENDE DER WELT" tritt auf („*mit schottischem Akzent*")!

All das bedeutet unübersehbar eine Absage an das tradierte Konzept des Realismus. In der chronologischen Abfolge des Joyceschen Œuvres bis hin zum Traumbuch *Finnegans Wake* wird die Tendenz zur Subjektivität der Darstellung immer deutlicher – der Anglist Franz Stanzel hat diese Entwicklung zutreffend mit dem Schlagwort von der „Personalisierung des Erzählaktes" bezeichnet. Immer deutlicher wird damit aber auch, daß die bei Joyce durchaus in reicher Zahl und mit bei anderen Autoren unbekannter Detailliertheit anzutreffenden Partikel der historisch belegten Welt – und hier besonders der individuellen Lebenswelt des Autors – kein Selbstzweck sind, keine Reminiszenzen an den Mimesis-Gedanken also, sondern der Auflösung und Umfunktionalisierung des Faktischen in der Kunst dienstbar gemacht werden. Man hat behauptet, daß mit Hilfe der in *Ulysses* enthaltenen Details das historische Dublin von 1904 wieder aufgebaut werden könnte, wenn es einst zerstört werden sollte. Abgesehen davon, daß dieses Unterfangen ganz so einfach auch wieder nicht sein dürfte, würde dies auf eine Sinnverkehrung der künstlerischen Intention hinauslaufen. *Ulysses* markiert die Kunstwerdung Dublins gerade deswegen, weil all das, um das es eigentlich geht in diesem Buch, im Dubliner Stadtbild von 1904 *nicht* enthalten war.

All die vielen konkreten Details von *Ulysses* – der Ort Dublin, das Datum von „Bloomsday" und die Biographien und Handlungen der fiktiven Protagonisten Besonderen ist das Allgemeine enthalten." Genausogut hätten anstelle dieser auch andere Einzelheiten das Werk von Joyce anreichern können, ohne daß dessen Bedeutung sich dadurch geändert hätte.

Joyce läßt Stephen Leben und Werk Shakespeares miteinander vermengen, weil Stephen Künstler ist und sein Shakespeare-Konstrukt souveräne Kunst. Philologen sind in den seltensten Fällen große Künstler, und die Art ihrer interpretatorischen Konstruktionen erweist sich gerade in der Verfolgung des biographischen Ansatzes zumeist durchaus nicht als von großer gedanklicher Souveränität gezeichnet. Einer der wenigen Joyceaner, die sehr wohl als Künstler gelten können, war Arno Schmidt, und seine sehr verstiegenen Theorien insbesondere zu *Finnegans Wake* verfügen deshalb immerhin über den Vorteil der literarischen Finesse. Schmidt, nach dessen Auffassung *Finnegans Wake* nichts anderes ist als die gigantische künstlerische Umsetzung der Entfremdung zwischen den Brüdern James und Stanislaus Joyce, geht (ähnlich wie Stephen mit seinen Shakespeare-Thesen) so weit, daß er in einer Passage des Buches gar den auch sogleich datierten Ehebruch von Stanislaus mit Nora Joyce zu erkennen meint: „Umarmung von St & Frau in 4 ‹Stellungen›; (vermutlich im Hotelzimmer in Salzburg, 1928). –" Immerhin ist Schmidt dabei intelligent genug, um solche Thesen zumeist nicht in eigener Verantwortung zu proklamieren, sondern sie den Figuren seiner Schöpfung – den Stimmen seiner Funkessays und den Ich-Erzählern seiner Prosa – in den Mund zu legen. Und Arno Schmidt beweist – wie Stephen Dedalus – die Imaginationsfähigkeit des Künstlers; Künstler allerdings scheinen ihrerseits selten begnadete Philologen zu sein.

Es geht nicht darum, Schmidt entgegenzuhalten, daß die betreffende Passage aus *Finnegans Wake* schon im November 1925 in der Rohfassung niedergeschrieben war und somit schwerlich allegorisierend ein Ereignis zum Thema erhoben haben kann, das erst zweieinhalb Jahre danach stattgefunden haben soll. Es geht vielmehr darum, daß selbst dann, wenn Arno Schmidt recht hätte, dies für den philologischen Interpreten uninteressant zu sein hätte. Die Rekonstruktion des von Joyce adaptierten biographischen Materials aus dem Werk mag allenfalls für die Psychologie des künstlerischen Schaffensprozesses einerseits und für berufsmäßige Biographen (also für bezahlte Befriediger indiskreter Neugier) andererseits von Interesse sein. Literaturwissenschaft ist etwas anderes oder sollte es doch wenigstens sein.

Wenn Joyce immer wieder biographisches Material verwandt hat, so liegt dies auch daran, daß er über keine besondere Erfindungskraft verfügte. Das ist kein Mangel: wichtiger als die Erfindungskraft war ihm stets die Gestaltungskraft. Der literarische Wert eines Werkes hängt nicht von seinen Erfindungen, sondern von deren Gestaltung ab. Zu Djuna Barnes sagte Joyce einmal: „Ein Schriftsteller sollte niemals über das Außergewöhnliche schreiben. Das ist recht für einen Journalisten." Joyce schrieb zeit seines Lebens über das Gewöhnliche. Seinen Fabeln – örtlich und zeitlich eng begrenzt und frei von marktschreierischen Effekten – ist sämtlich ein Charakter des Statischen eigen. Alle Dynamik des Joyceschen Werks steckt in seiner künstlerischen Gestalt: Stile, Erzähltechniken, Leitmotivik und Symbolreihen sorgen im schnellen Wechsel für Bewegung. Gerade diese künstlerische Dynamik, die die unerreichte Qualität des Joyceschen Werks ausmacht, gerät einer Interpretationspraxis – sind in ihrer Bedeutung nicht primär als *typisch* zu verstehen, sondern als *exemplarisch* – ja, schon vor *Finnegans Wake* gar als *archetypisch.* Zu dem irischen Schriftsteller Arthur Power sagte Joyce: „Was mich betrifft, ich schreibe immer über Dublin, denn wenn ich an das Herz von Dublin komme, kann ich an das Herz aller Städte der Welt kommen. Im biographischer Prägung, die die literarische Leistung von Joyce im Grunde zu einer ins Gigantische getriebenen narzißtischen Selbstbefriedigung verharmlost, allzuleicht aus dem Blick.

Wir sollten daran denken, wenn wir „Bloomsday" feiern: es bietet sich hier die seltene Chance, ein großes schriftstellerisches Werk zu rühmen, ohne den Lebensweg des Autors zu glorifizieren. Daß Joyce selbst schon eine private Glorifizierung betrieb, als er ausgerechnet den 16. Juni 1904 für seinen *Ulysses* auswählte – es soll dies einer freilich nicht über jeden Zweifel erhobenen These zufolge der Tag sein, an dem er zum ersten Mal mit seiner späteren Lebensgefährtin Nora Barnacle ausging, die den Roman der populären Mär zufolge aber niemals gelesen hat –, braucht uns nicht zu stören; nicht um Joycens ersten Abend mit Nora geht es ja beim „Bloomsday", sondern gerade um die Umsetzung dieses zufälligen und im Grunde beliebigen Datums in einem Symbol der Kunstwerdung des Lebens.

Das ist das eine. Das andere ist, daß wir, wenn wir trotz alledem biographische Forschung betreiben, um so schärfer angehalten sind, zwischen Leben und Werk genau zu differenzieren. Tun wir es nicht, vermengen wir beides, so begeben wir uns der Möglichkeit, zwischen dem, was

Joyce erlebte, und dem, was er schrieb, an jedem Punkt genau zu unterscheiden und auf diese Weise in den Blick zu bekommen, was seiner Gestaltungskraft entsprungen ist und was nicht. Dies also ist die Kardinalfrage, die an alle biographische Darstellung heranzutragen ist – gelingt es, die Lebensumstände präzis zu beschreiben, ohne unzulässige Schlüsse aus den Fiktionen zu ziehen, und gelingt es, die Elemente des Werks von denen des Lebens zu unterscheiden?

Vom Umgang mit Joyce
Ein Rundumblick

> Flußgefließe, schleunigst Ev' und Adam passiert, vom Strandgestreun zum Buchtgebeug, führt uns im commundiösen Wickelwirken des Rezirkulierens zurück zur Burg von Howth con Entourage.[1]

So beginnt James Joycens letztes Buch *Finnegans Wake* – oder präziser: so beginnt *ein* Versuch, *Finnegans Wake* ins Deutsche zu übersetzen. James Joyce hat es den Übersetzern nie leicht gemacht – wie er es überhaupt niemandem leicht gemacht hat: den Druckern nicht, die seine vertrackten Bücher setzen mußten und nicht immer Englisch konnten; den Lesern nicht, die er sich mündig und aktiv wünschte und daher nicht belehrend bevormundete; und auch seiner Familie nicht, die er kreuz und quer durch Europa schleppte, ohne ihr jemals ein Zuhause bieten zu können. Als Joyce am 13. Januar 1941 in Zürich starb, hatte er über sechzig Umzüge hinter sich (unzählige Hotelaufenthalte nicht mitgerechnet), seine Werke entstanden in Dublin, Pola, Triest, Zürich, Paris.

Bei Joyce war stets alles im Fluß, im „riverrun" des *Wake*-Anfangs, und zwar so sehr, daß seine wenigen Bücher am Ende immer das Korsett dessen sprengten, was ihre Ausgangskonzeption gewesen war. Nur vier Bücher sind es, die den Joyceschen Ruhm begründen, doch jedes griff auf revolutionäre Weise über das vorhergehende hinaus. Mehr noch: auch innerhalb jedes einzelnen Buches gibt sich Joyce nie mit einer Schreibweise zufrieden, sondern treibt die Entwicklung neuer Formen konsequent

---

1 James Joyce, *Finnegans Wake Deutsch. Gesammelte Annäherungen*, hg. v. Klaus Reichert u. Fritz Senn (Frankfurt a.M.: Suhrkamp 1989), S. 44 (Übersetzung des Anfangs durch Friedhelm Rathjen).

voran. Höhepunkt dieser Tendenz ist der *Ulysses*, dessen Neuerungskoeffizient oft mit der Erfindung des ‚inneren Monologs' in eins gesetzt wird – doch diese Technik bestimmt nur die erste Romanhälfte, die das Sprungbrett für die eigentlichen Neuerungen ist. An der Spiegelachse der 18 Romankapitel kam für Joyce der Roman erst richtig zur Welt, und das im konkreten Sinne: zwar als Kopfgeburt, aber doch mit einem Körper aus Fleisch und Blut. In den neuen letzten *Ulysses*-Episoden *be*schreibt Joyce nicht mehr eine vorhandene Realität, sondern *er*schreibt eine neue sprachliche Wirklichkeit: der Romankörper bildet Organe aus, vollzieht im halluzinatorischen „Circe"-Kapitel sogar einen sprachlichen Geschlechtsakt, auf den dann folgerichtig die ‚tristesse post coitum' folgt – die kunstvoll schlaffe, gewollt willenlose „Eumaeus"-Episode.

Wirkt der *Ulysses* schon wie das Äußerste, was in der Romangattung möglich ist, so vollbringt Joyce mit *Finnegans Wake* das Unmögliche: er schafft wieder etwas revolutionär Neues, das allerdings gleichzeitig die konsequente Weiterentwicklung der Eigengesetzlichkeiten im *Ulysses* darstellt. Wurde im *Ulysses* der Roman zum Körper, so ist er in *Finnegans Wake* ein Kosmos: eine Sprachwelt, in der wir uns nicht zurechtfinden mögen, weil sie sich ebensowenig verstehen läßt wie die reale Welt, in der der Leser aber ein nahezu unbegrenztes Feld für sein ästhetisches Erleben vorfindet. Alles in *Finnegans Wake* verändert sich ständig, und bevor sich in der Lektüre etwas greifen läßt, ist es schon wieder etwas anderes.

James Joyce, der Kosmopolit, hat in jedem seiner Bücher zielstrebig die eigenen Grenzen erweitert – und gleichzeitig die Grenzen der Literatur überhaupt hinausgeschoben: die zuvor bestehenden Grenzen der Darstellbarkeit, der Sagbarkeit, auch der Schicklichkeit waren ihm viel zu eng. Allein deshalb ist seine Wirkung auf nachfolgende Autoren – selbst auf solche, die ihn nie gelesen haben – enorm: Joyce hat mühsam Schreibhindernisse aus dem Weg räumen müssen, deren Nichtmehrvorhandensein heute jedermann selbstverständlich scheint.

Aber nicht nur die jüngeren Kollegen kommen um den Joyceschen Einfluß nicht herum: auch die Sprach- und Literaturtheoretiker müssen ihre Modelle an der Joyceschen Schreibpraxis messen lassen. Für die Semiotiker und die Poststrukturalisten, die Erzähltheoretiker und die Dekonstruktivisten liefert Joyce unverzichtbares Studienmaterial; wer die literarische Moderne definieren will, muß zunächst den *Ulysses* definieren, und wer eine Theorie der Postmoderne sucht, fängt meist bei *Finnegans Wake* an. Selbst die feministische Literaturwissenschaft interessiert sich sehr für Joyce, denn Joyce hat in seinen beiden letzten Büchern auch die Grenzen der Geschlechter aufgeweicht: kein Autor der Literaturgeschichte hat männliches Dominanzgehabe und männliche Selbstgewißheit so gründlich untergraben wie er.

Wenn Joyce für alles herhalten muß, so hat dies naturgemäß zu einer Flut von Sekundärliteratur geführt. Kein Thema ist zu abseitig, um erforscht zu werden: es gibt Studien über Puzzles im *Ulysses*[2], über die Obszönität von Hüten in *Finnegans Wake*[3] und über Geburtenkontrolle bei James Joyce[4]. All das mögen Indizien dafür sein, daß Joyce tatsächlich alle Grenzen sprengt; freilich entsteht auch die Gefahr, daß die Unmengen gelehrter Abhandlungen Joyce mit neuen Grenzen umgeben: mit einem

---

2 Vgl. Martin Gardner, „The Puzzles in *Ulysses*", in *Gardner's Whys & Wherefores* (Chicago: University of Chicago Press 1989), S. 107-121.

3 Beitrag von Bernard Benstock zu Vincent Chengs Panel *Obscenities in Joyce I: Obscenity of Language* beim 11. Internationalen James-Joyce-Symposium in Venedig am 14. Juni 1988.

4 Vgl. Mary Lowe-Evans, *Crimes against Fecundity. Joyce and Population Control* (Syracuse: Syracuse University Press 1989).

Zaun des Spezialistentums, der potentielle Leser abschreckt.

Es gibt ein wirkungsvolles Gegenmittel: die eigenständige, unvorbelastete und vor allem neu-gierige Lektüre. Es wäre ein Fehler, zu glauben, Joyce ließe sich nur nach Kenntnisnahme der gesammelten Sekundärliteratur verstehen – vielmehr hält er jedem Leser, der sich auf spannende Leseerfahrungen einlassen will, etwas bereit. Wer deswegen bewußt auf alle gelehrsamen Hilfsmittel verzichtet und unbeschwert an die Lektüre geht, befindet sich im übrigen in bester Gesellschaft; der amerikanische Komponist John Cage beispielsweise, der sich wiederholt mit *Finnegans Wake* auseinandergesetzt hat, bekennt: „Ich habe eine unwissenschaftliche und naive Haltung dem Buch gegenüber, aber ich ziehe diese Haltung, die der Musik näher ist, vor, in der Erfahrung wichtiger ist als bloßes Verstehen.“[5]

John Cage hat für mehrere eigene Arbeiten *Finnegans Wake* als Material benutzt. Eines der Resultate ist der Hörtext *Muoyce*, für den Cage mit Hilfe von Zufallsoperationen einzelne Buchstaben, Silben und Wörter aus *Finnegans Wake* herauslöste und zu einem lautpoetischen neuen Text zusammensetzte. Für die Funkversion dieses Textes hat Cage seine eigne Stimme multipliziert: auf fünf übereinandergelegten Tonspuren wird der komplette Text geflüstert (mit Ausnahme von Partikeln im Kursivsatz, die gesungen werden). Der Text der 2-Stunden-Aufnahme liest sich so:

> of a girl’s friendcom but whose sayrecoursingamgettingand bythewhite shouldersThom chap’s Lordvul in chorslength andmake*fan* in the shadeindirty seventh

---

[5] John Cage, zitiert nach Materialien des WDR zum Hörspiel *Muoyce*, die am 15. Juni 1984 unter den Zuhörern einer öffentlichen Vorführung in der Alten Oper Frankfurt verteilt wurden.

> how himMayownin my hand consternationthe old cruxaderoxeyedupon belherstake is yourhis Mr to a charisetstimean old pair meatjutes asgirlSea sursumcordial *attabornbomboom* and healthemy true Bdur *castomercies* a twom *my* fivegenchis the Ondtallshepymyi Thetherhand his broadawake bedroomsuitetosendofthe jungerl*phas*nmvspirallyhimR*Arthurgink'-shussies* it prove *Duckingy* wokinbettssh oat the justright momenttothinkOftowith chiffchaff asfresqued fth tsch uhow our red brother Quiet [...][6]

Es ließe sich mit einigem Recht einwenden, dieser neue Text habe mit *Finnegans Wake* nicht mehr viel zu tun: dadurch, daß Cage die Joycesche Sprache partikularisiere, schaffe er eine ganz andere ästhetische Struktur, deren Zusammenhang mit *Finnegans Wake* nicht mehr zwingend sei. Dieser Einwand ändert allerdings nichts daran, daß Cage sich den besonderen Klangwert der Sprachneuschöpfungen aus *Finnegans Wake* zunutze macht – und diesen Klangwert wird man bei keinem anderen Text finden können, so sehr man ihn auch partikularisiert.

Der Umgang mit *Finnegans Wake*, wie Cage ihn praktiziert, ist nur ein Beispiel dafür, daß der Joycesche Text in einzigartiger Weise zu Nachschöpfungen anregt. Zwar können sich kreative Assoziationen grundsätzlich an jedem Text und auch an jedem Gegenstand entzünden, bleiben aber immer eine bloße Zugabe zum ‚eigentlich gemeinten Sinn'. Da *Finnegans Wake* einen solchen ‚eigentlich gemeinten Sinn' nicht offenbart, werden aber Assoziationen beim Leser nicht nur ermöglicht, sondern geradezu erzwungen: wer *Finnegans Wake* liest, *muß* produktiv und kreativ werden.

---

6 John Cage, *Muoyce. Writing for the fifth time through Finnegans Wake*, Anfang von Teil IV, zitiert nach ebd.

Anstiftend hat James Joyce noch in ganz anderen künstlerischen Bereichen gewirkt. Ende der sechziger Jahre reagierte John Lennon in Songs wie „I am the Walrus" und auch in eigenen Prosaversuchen auf Joyce[7], und ein Jahrzehnt später nahm die irische Popgruppe Scullion ein Stück auf, dessen kompletter Text unverändert dem *Ulysses* entnommen ist[8]. In jüngerer Zeit haben die Folk-Punker the Gruppe The Pogues sich sogar als James Joyce verkleidet auf der Hülle ihrer Langspielplatte *If I Should Fall from Grace with God* abbilden lassen.

Diese Phänomene mögen oberflächlich scheinen, beleuchten aber doch die Breite der Joyceschen Wirkung, und der unbeschwerte Umgang der Pop-Welt mit Joyce ist in einem bestimmten Sinne auch folgerichtig. Joyce selber, der seinen Büchern das banale Alltagsleben zugrundelegte, zeigte in den nichtliterarischen Künsten einen überaus volkstümlichen Geschmack, und gerade die populäre Musik hat vielerlei Spuren in seinem Werk hinterlassen; nicht zufällig erhielt *Finnegans Wake* seinen Titel von einem irischen Sauflied. Jene Popmusiker, die auf Joyce reagieren, lassen seine Wirkung somit in die Populärkultur zurückfließen, aus der Joyce einstmals selber seine Anregungen bezog.

Welches Stimulans selbst in der reizüberfrachteten Glimmerwelt heutiger Tage immer noch von Joyce ausgehen kann, zeigt der Song „The Sensual World" von Kate Bush. Die britische Sängerin hatte ursprünglich einen Abschnitt aus Molly Blooms *Ulysses*-Schlußmonolog vertonen wollen, wofür ihr allerdings die Rechte verwehrt wurden. Notgedrungen schrieb sie selbst einen neuen Text

---

7 Vgl. Ruth van Phul, „'Not a Leetle Beetle' (FW 417.3-4)", in *James Joyce Quarterly* 6.3 (Frühjahr 1969), S. 265 f.

8 Vgl. Scullion, „The Fruit Smelling Shop", auf der LP *Scullion* (Dublin: Mulligan Music 1979), S. 1, Nr. 3.

im Stil der Molly Bloom – und hatte mit aufschlußreichen Schwierigkeiten zu kämpfen:

> Ich dachte, ich könnte nie etwas so unmittelbar Sinnliches schreiben wie den Originaltext, doch als ich die Worte umschreiben mußte, saß ich in der Falle. Wie konnte ich jene Stimmung von neuem erzeugen, ohne mich auf diesen Sinnlichkeitsgrad zu begeben? So schrieb ich also Zeug, von dem ich Monate vorher behauptet hätte, ich könnte es niemals schreiben.[9]

Auf verblüffende Weise offenbart sich hier, daß die Joycesche Herausforderung selbst da, wo es am wenigsten zu erwarten wäre, immer noch besteht: die Anstößigkeit des *Ulysses* ist von der angeblichen sexuellen Revolution nicht überholt worden.

Für Kate Bush wurde die Notwendigkeit, den Text umzuschreiben, schließlich zum Thema ihres Stückes[10]:

> Stepping out of the page into the sensual world.
> Stepping out, off the page into the sensual world.
> And then our arrows of desire rewrite the speech,
> mmh, yes,
> And then he whispered would I, mmh, yes,

---

[9] Meine Übersetzung aus einem Interview mit Kate Bush im *New Musical Express* vom 7. Oktober 1989, zitiert nach Claus Melchior, „Kate and Molly", in *James Joyce Newestlatter* 63 (Dezember 1989), unpaginiert.

[10] Kate Bush, „The Sensual World", auf der LP *The Sensual World* (o.O.: EMI Electrola 1989), S. 1, Nr. 1. Auf deutsch etwa folgendermaßen: „Heraustreten aus der Buchseite in die sinnliche Welt. / Und unsere Pfeile des Begehrens schreiben den Monolog neu, mmh, ja, / Und dann flüsterte er: wolle ich, mmh, ja, / Sicher sein, mmh, ja, vor Bergblumen? / Und zuerst mit dem Klunker um ihn rum, mmh, ja. / Er löste ihn, so daß, wenn er zwischen meine Brüste rutschte, / Er ihn retten konnte, mmh, ja, / Und sein Schneid wurd lebendig in meiner Hand und, mmh, ja, / Sagte ich, mmh, ja. / Doch noch nicht jetzt, mmh, ja, / Mmh, ja."

Be safe, mmh, yes, from mountain flowers?
And at first with the charm around him, mmh, yes.
He loosened it so if it slipped between my breasts
He'd rescue it, mmh, yes,
And his spark took life in my hand and, mmh, yes,
I said, mmh, yes,
But not yet, mmh, yes,
Mmh, yes.

Selbst in der Begrifflichkeit der Naturwissenschaften hat Joyce seine Spuren hinterlassen: in der Physik werden kleinste Elementarteilchen als „Quarks“ bezeichnet, und dieses Wort ist eine Neuschöpfung aus *Finnegans Wake*. Das „Mamalujo“-Kapitel des Buches beginnt:

Drei Quarks für Muster Mark!
Natürlich ist er im Kläffen nicht stark
Und wasimmer er hat ist hier natürlich nicht gefragt.[11]

Der ergiebigste Umgang mit Joyce findet freilich immer noch und immer wieder auf dem Felde der Literatur statt – wobei es aber gerade hier für seine Nachfahren große Probleme zu bewältigen gab. Nach Joyce konnte niemand mehr so schreiben, als habe es ihn nicht gegeben; der Versuch, Joyce noch zu überbieten, schien andererseits von vornherein aussichtslos, da Joyce auf dem von ihm beschrittenen Weg schon alles Menschenmögliche geleistet hatte. Welche Möglichkeiten standen da zwischen Ignoranz und Epigonentum überhaupt noch offen?

Daß sich im produktiven Umgang mit Joyce doch noch neue Refugien erschließen ließen, demonstriert das Werk Samuel Becketts. Beckett, in Paris lebender Ire wie Joyce, gehörte in den zwanziger und dreißiger Jahren zeitweilig dessen engstem Freundes- und Helferkreis an – und das

---

[11] Joyce, *Finnegans Wake Deutsch*, a.a.O., S. 220 (Übersetzung des „Mamalujo“-Kapitels durch Friedhelm Rathjen).

bedeutete: Beckett beschaffte Joyce Material für die Arbeit an *Finnegans Wake* und ließ sich womöglich von Joyce Teile des Romans diktieren, als der am Rande der Blindheit stand. All diese Dienste wurden Joyce aber auch von einem Halbdutzend anderer Personen zuteil, und Beckett ist keineswegs, wie immer wieder behauptet wird, der Sekretär von Joyce gewesen.

In einer Hinsicht immerhin unterschied sich Beckett von den anderen Helfern des Meisters: er war als einziger selbst zum Dichter berufen. Beckett wäre geradezu prädestiniert gewesen, den Joyceschen Weg weiterzugehen. Seine beiden ersten Veröffentlichungen erschienen 1929 in einer Nummer der Zeitschrift *transition*, und es handelte sich dabei zum einen um einen hochgescheiten Essay über *Finnegans Wake* und zum andern um einen eigenen Prosatext, der die Spuren des Joyce-Einflusses nicht ganz verleugnen konnte. Solche Nacheiferei legte Beckett aber erstaunlich schnell ab; sein zu Lebzeiten unveröffentlichter Roman *Traum von mehr bis minder schönen Frauen* enthält bereits eine offene Parodie auf Joycens Erzählung „Die Toten", und als Beckett Bruchstücke des Romans zur Prosasammlung *Mehr Prügel als Flügel* umarbeitete, scheute er sich keineswegs, die Parodie zu publizieren[12]; als Gegengewicht zur Joyceschen

---

[12] Vgl. James Joyce, „Die Toten", in *Dubliner*, üb. v. Dieter E. Zimmer (Frankfurt a.M.: Suhrkamp 1974), S. 179-229, hier S. 229; Samuel Beckett, „Ein feuchter Abend", in *Mehr Prügel als Flügel*, üb. v. Christian Enzensberger et alii (Frankfurt a.M.: Suhrkamp 1989), S. 49-89, hier S. 87 f. Leider ist die Parodie in der deutschen Übersetzung nur unvollkommen zu genießen, da der Übersetzer es vorzieht, Becketts „Central Bog" in ein „Dubliner Zentralklosett" zu vergröbern, das den Rückbezug auf Joycens „central plain" und „Bog of Allen" kappt. Das ist im übrigen typisch für Enzensbergers ärgerliche Übersetzung; vgl. dazu Friedhelm Rathjen, „Dubliner Zentralklosett: Zu Christian Enzensbergers Übersetzung von Samuel Becketts Prosasammlung *More Pricks than Kicks*", in *die*

Dominanz schrieb er zur gleichen Zeit außerdem ein Buch über Marcel Proust.

Es ist offensichtlich, daß Beckett sich bewußt dem erdrückenden Einfluß des verehrten Joyce zu entziehen versuchte und deshalb in eine scheinbar entgegengesetzte Richtung aufbrach. An diesem starken Impuls einer Gegenbewegung zu Joyce mag es auch liegen, daß Becketts eigenes Werk durchgängig von Negations- und Falsifikationsprinzipien geprägt ist: er sucht jede einmal gewonnene Position wieder zu hintergehen. So werden Beckett die Reduktion und das Scheitern zu Inbegriffen künstlerischen Schaffens; Beckett spricht von Ohnmacht und Unwissenheit, während er Joyce künstlerische Allmacht und Allwissenheit bescheinigt.[13]

Der Joycesche Einfluß auf Beckett äußert sich dementsprechend nicht in vorhandenen, sondern in fehlenden Spuren: in der bewußt betriebenen Aussparung. Der Schriftsteller und Literaturwissenschaftler Raymond Federman weiß zu berichten, Beckett habe ständig Bücher durchstöbert auf der Suche nach einzelnen Sätzen, die er als anregende Keimzellen seinen eigenen Arbeiten habe inkorporieren können. Becketts Werk stecke infolgedessen voller verschleierter Zitate; nur einen Autor von Weltrang habe Beckett fast nie offen erkennbar zitiert, und das sei ausgerechnet Joyce.[14]

---

horen 168 (1992), S. 133-39, Nachdruck in Friedhelm Rathjen, *weder noch. Aufsätze zu Samuel Beckett* (Scheeßel: Edition ReJoyce 2005), S. 125-133.

[13] Vgl. Samuel Beckett, zitiert nach Israel Shenker, „Moody man of letters. A portrait of Samuel Beckett, author of the puzzling *Waiting for Godot*“, in *New York Times*, 6. Mai 1956: „The more Joyce knew the more he could. He's tending toward omniscience and omnipotence as an artist. I'm working with impotence, ignorance.“

[14] Diese Information verdanke ich Jürg Laederach, der sie aus einem Gespräch mit Federman hat.

Mit seinem späten Kurzdrama *Ohio Impromptu* hat Beckett immerhin ein kryptisches Bild seiner Freundschaft mit Joyce auf die Bühne gebracht. In *Ohio Impromptu* sitzen zwei Figuren an einem Tisch: ein „Hörer" und ein „Leser". Die Bekleidung beider Figuren sieht aus wie die, die Joyce auf einem bekannten Foto seiner ganz früher Pariser Zeit trägt: „Langer schwarzer Mantel", „Schwarzer, breitkrempiger Hut". Der Leser liest aus einem Buch vor, der Hörer unterbricht ihn wiederholt durch „Klopfen". Scharfsinnige Exegeten haben darin – angestiftet durch Beckett selbst – Nachklänge auf die Niederschrift von *Finnegans Wake* ausgemacht: zur Diktiersituation gibt es eine bekannte (in ihrer Authentizität freilich anzuzweifelnde) Anekdote, in deren Mittelpunkt ein von Beckett überhörtes Klopfen – nämlich an der Tür – steht.[15] Die dramatische Ausnutzung dieser Situation ist allerdings noch lange kein Zeichen literarischen Einflusses, sondern allenfalls ein Indiz für die persönliche Prägung.

Gewiß gibt es grundlegende Gemeinsamkeiten zwischen dem Joyceschen und dem Beckettschen Werk: zu nennen wären der Anspielungsreichtum der Texte, das Verkapseln von Allgemeingültigem im Spezifischen, die Profanisierung des Mythos und die Mythisierung des banalen Alltags, schließlich der Einsatz von Sprache nicht als

---

[15] Vgl. Samuel Beckett, *Ohio Impromptu*, in *Werke V. Supplementband 1. Szenen / Prosa / Verse* (Frankfurt a.M.: Suhrkamp 1986), S. 109-114, hier S. 111 und passim. Becketts eigenen Hinweis auf den Hintergrund referiert Richard Ellmann, „Samuel Beckett: Neinsager aus Nirgendland", in *Vier Dubliner. Wilde, Yeats, Joyce und Beckett*, üb. v. Wolfgang Held (Frankfurt a.M.: Suhrkamp 1990), S. 103-133, hier S. 129; die Details verdanke ich Hinweisen von Morris Beja aus dem Panel *Joyce and Beckett: Last Plays* beim 11. Internationalen James-Joyce-Symposium in Venedig am 13. Juni 1988.

Fenster auf die Realität, sondern als Realität selber, als Sprach- und Sprechkörper. Diese unspezifischen Gemeinsamkeiten zeigen aber im Grunde nur die große Sorgfalt, die Joyce und Beckett auf ihre Arbeit verwandt haben, und auch die große Sprachkomik in den Werken beider Autoren kann nicht den Blick auf die Gegensätze in den Schreibkonzepten verstellen.

Schon lange vor seinem künstlerischen Durchbruch hat Beckett in einem privaten Brief so etwas wie sein Credo zu Papier gebracht, und in diesem Brief fehlt auch nicht die Abgrenzung von Joyce:

> Immer mehr wie ein Schleier kommt mir meine Sprache vor, den man zerreissen muß, um an die dahinterliegenden Dinge (oder das dahinterliegende Nichts) zu kommen. [...] Ein Loch nach dem andern in ihr zu bohren, bis das Dahinterkauernde, sei es etwas oder nichts, durchzusickern anfängt – ich kann mir für den heutigen Schriftsteller kein höheres Ziel vorstellen. [...] Mit einem solchen Programm hat meiner Ansicht nach die allerletzte Arbeit von Joyce gar nichts zu tun. Dort scheint es sich vielmehr um eine Apotheose des Wortes zu handeln. Es sei denn, Himmelfahrt und Höllensturz sind eins und dasselbe. Wie schön wäre es, glauben zu können, es sei in der Tat so.[16]

Beckett wünscht sich eine „Literatur des Unworts“[17]: an die Stelle der Joyceschen Apotheose des Wortes setzt er die Apotheose der Wortlosigkeit. Freilich führen *beide* Konzepte zu einer meisterlichen Virtuosität dem Wort gegenüber, und so unterschiedlich diese Virtuosität auch

---

16 Samuel Beckett, „German Letter of 1937“, in *Disjecta. Miscellaneous Writings and a Dramatic Fragment*, hg. v. Ruby Cohn (London: Calder 1983), S. 51-54, hier S. 52 f.

17 Ebd., S. 54.

realisiert wird: wenn Himmelfahrt und Höllensturz schon nicht eins sind, so sind sie doch zwei Seiten derselben Medaille.

Die Einheit von Gegensätzen ist eine Vorstellung, mit der das gesamte Beckettsche Werk liebäugelt, und den Kern der Verwandtschaft Becketts mit Joyce wird man genau hier suchen müssen. Die Idee, Gegensätze seien im Grunde identisch, stammt ursprünglich von Nikolaus Cusanus, wurde vom Joyce-Hausheiligen Giordano Bruno aufgegriffen und ist ein wichtiges Strukturprinzip für *Finnegans Wake*, wo die Sätze oftmals zwei gegensätzliche Aussagen gleichzeitig transportieren. In seinem frühen Essay zu *Finnegans Wake* hat Samuel Beckett das Prinzip umrissen:

> Es besteht kein Unterschied, sagt Bruno, zwischen der kleinstmöglichen Sehne und dem kleinstmöglichen Bogen, kein Unterschied zwischen dem unendlichen Kreis und der Geraden. Die Maxima und Minima einzelner Gegensätze sind eins und unterschiedslos. Minimale Hitze gleicht minimaler Kälte. Folglich sind Transmutationen kreisförmig. Das Prinzip (Minimum) des einen Gegensatzes nimmt seinen Ausgang von dem Prinzip (Maximum) eines anderen. Deshalb fallen nicht nur die Minima mit den Minima zusammen und die Maxima mit den Maxima, sondern in der Aufeinanderfolge von Transformationen auch die Minima mit den Maxima. Maximale Geschwindigkeit ist ein Zustand der Ruhe. Das Maximum an Verfall und das Minimum an Zeugung sind identisch: im Prinzip ist Verfall Zeugung.[18]

---

[18] Samuel Beckett, „Dante ... Bruno . Vico .. Joyce", in *Stücke / Kleine Prosa. Auswahl in einem Band*, üb. v. Erika u. Elmar Tophoven (Frankfurt a.M.: Suhrkamp 1967, S. 7-29), S. 11 f. Man wende diese Erläuterung des Brunoschen Prinzips auf die Relation Joyce-

Die Identität von Gegensätzen ist eine Vorstellung, die bei beiden Autoren gleichermaßen die Sprachhandhabung und die künstlerische Form bestimmt – freilich auch dies auf völlig entgegengesetzte Weise. Joyce realisiert die Identität von Gegensätzen als ein ‚sowohl als auch', als ein totales Weltumspannen; Beckett hingegen sucht zwischen die identischen Extreme zu schlüpfen mit einer Strategie des ‚weder noch', wie sie beispielsweise dem späten Text dieses Titels unterlegt ist:

hin und her im Schatten vom innern zum äußern Schatten

vom unergründlichen Selbst zum unergründlichen Nichtselbst
weder so noch so

wie zwischen zwei erleuchteten Zufluchten deren Türen beim Nähern
sacht sich schließen, beim Abwenden
sacht wieder sich öffnen

gesandt her und hin und abgewandt

ungeachtet des Wegs, bedacht auf den einen Schimmer
oder den andern

ungehörte Schritte einziger Laut

bis zuletzt einhalten für immer, fort für immer
vom Selbst und dem andern

dann kein Laut

dann sachtes Licht unverlöschlich auf jenem unbedachten
weder noch

unsprechbares Zuhause[19]

Beckett an: das Prinzip (Minimum) von Beckett nimmt seinen Ausgang von dem Prinzip (Maximum) von Joyce; im Grunde ist Beckett Joyce. Oder?

19 Meine Übersetzung von Samuel Beckett, „neither", in *Journal of Beckett Studies* 4 (Frühjahr 1979), S. vii; dort allerdings fehlerhaft: das Wort „neared" am Ende der vierten Zeile fehlt fälschlicherweise.

Wo der allgewaltige Joyce aufs Ganze geht, strebt Beckett nach ‚unsprechbaren' Zwischenstadien: nach dem Niemandsland zwischen Licht und Dunkel, zwischen Ich und Nicht-Ich, zwischen Sein und Nichtsein, zwischen Sprechen und Schweigen. Joyce sucht möglichst viel einzuschließen; Beckett hingegen sucht möglichst viel auszuschließen, wozu es auch gehört, daß Becketts Sprechen kein Herbeischaffen von Welt ist, sondern der Versuch, sich die Welt vom Leibe zu schaffen. Das ritualisierte Sprechen Becketts zielt darauf ab, die Dinge zum Verschwinden zu bringen, während bei Joyce das Sprechen immer Erschaffung von Welt ist.

Das ‚weder noch' verhält sich spiegelbildlich zum ‚sowohl als auch', und so gehören Joyce und Beckett dann doch auch literarisch eng zusammen: die Reduktionsstrategien Becketts sind die Konsequenz aus den Joyceschen Anreicherungsverfahren. Ein deutscher Kollege beider Autoren konnte das allerdings nicht nachvollziehen und behauptete kurz und bündig: „JOYCE ist die Fülle. BECKETT ne Krampfhenne"[20]. Dieser Satz stammt von Arno Schmidt, der sich selbst gerne als einen Erben von James Joyce verstand. In der Tat scheint Schmidts Werk mit Joyce auf den ersten Blick viel mehr zu tun zu haben als Becketts. Zu Beginn der fünfziger Jahre, als Schmidts Erstling *Leviathan* und der Nachfolger *Brand's Haide* vorlagen, erhoben sich sogleich Stimmen, die hier einen Joyce-Epigonen am Werk sahen, der ihnen allerdings etwas zu bemüht die Joyceschen Manierismen nachzuäffen schien. Die Wahrheit war, daß Schmidt von Joyce zu diesem Zeitpunkt gar nichts wußte.

Arno Schmidt hatte zwar noch den Expressionismus wahrgenommen, war jedoch von den übrigen künstleri-

---

[20] Arno Schmidt, *Zettel's Traum* (Stuttgart: Goverts Krüger Stahlberg 1970), S. 221.

schen Entwicklungen seiner Zeit vollkommen abgeschnitten. Mit der ihm eigenen Selbstsicherheit erfand er aber in den Nachkriegsjahren die Moderne gleichsam ein zweites Mal und gelangte zu Prosaqualitäten, die tatsächlich mit den Joyceschen vergleichbar sind. Beiden Autoren gemeinsam sind beispielsweise die Verve des Schreibimpulses und des Prosaduktus, die Virtuosität und Präzision im Umgang mit verschiedenen Stilebenen und Sprachregistern, der ausgeprägte Zitatismus sowie – nicht zuletzt – die formale und sprachliche Kompromißlosigkeit in der Umsetzung der jeweiligen Darstellungsabsichten. In der konkreten Textgestaltung sind die Differenzen jedoch größer als die Gemeinsamkeiten: Arno Schmidts Techniken der Bewußtseinsdarstellung beispielsweise sind ureigene und völlige andere als der ‚innere Monolog' Joycescher Prägung.

Auf die Vorhaltungen, er sei ein Joyce-Epigone, reagierte Schmidt zunächst, indem er den Vorläufer nun erst recht nicht las; als er den *Ulysses* Ende 1956 dann doch studierte, kam er um anerkennende Worte nicht herum, beharrte aber auf Abstand: „Ein großer Mann, zugegeben; aber es besteht natürlich *nicht die geringste Ähnlichkeit!*"[21] Immerhin spürte Schmidt doch, daß er Joyce nicht ignorieren konnte. Auf der Suche nach Möglichkeiten, produktiv auf Joyce zu antworten, publizierte er erst einmal eine scharfe Polemik gegen die unzulängliche *Ulysses*-Übersetzung Georg Goyerts. Damit hatte Schmidt gleichsam seinen Einstand als selbsternannter Joyce-Experte gegeben; im Stillen aber arbeitete er daran, Joyce in seine eignen Schreibvorstellungen zu integrieren, und

---

[21] Arno Schmidt, *Der Briefwechsel mit Alfred Andersch. Mit einigen Briefen von und an Gisela Andersch, Hans Magnus Enzensberger, Helmut Heißenbüttel und Alice Schmidt*, hg. v. Bernd Rauschenbach (Zürich: Haffmans 1985), S. 106.

einige Jahre später konnte er dann eine kunstvolle Erzählung schreiben, die ohne das Vorbild des *Ulysses* undenkbar und doch ein genuiner Schmidt-Text ist: „Caliban über Setebos". In diesem Text unterlegte Schmidt ländliches Alltagsgeschehen mit dem Orpheus-Mythos, so wie Joyce seinen städtischen *Ulysses* vor der Folie der *Odyssee* komponierte.

An *Finnegans Wake* allerdings wollte Schmidt zunächst nicht heran: auf so etwas könne er sich nicht einlassen, das würde ihn nur von eigenen Vorhaben abhalten. Wie recht Schmidt mit diesen Befürchtungen hatte, zeigte sich, als er im Jahre 1960 nicht mehr widerstehen konnte und sich an das Studium des *Wake* machte: das Buch traf ihn wie ein Schock, und er brauchte Jahre, um sich davon zu erholen. Schmidt, der sich zu diesem Zeitpunkt in einer schwierigen Phase seiner Entwicklung befand, fürchtete offenbar um seine Eigenständigkeit, und er wehrte sich mit allen Mitteln: er schrieb erhitzte Essays, in denen er *Finnegans Wake* mit abstrusen Deutungsversuchen zu demontieren suchte; er rüpelte gegen Joyce selber, der dem Alkohol ebenso wie dem Knoblauch verfallen sei und sich nie ordentlich gewaschen habe; schließlich suchte er Joyce zu übertrumpfen mit dem Riesenmonstrum *Zettel's Traum*, das aus über 1300 Seiten im Riesenformat besteht. *Zettel's Traum* ist vielleicht das verquälteste und reizloseste Buch Schmidts überhaupt, aber es befreite ihn offensichtlich von seinen Komplexen: nach *Zettel's Traum* konnte Schmidt ein vergleichsweise leichtfüßiges Alterswerk schaffen und nun auch gänzlich auf abfällige Urteile über Joyce verzichten. Schmidt war der festen Überzeugung, mit *Zettel's Traum* ein Pendant sowohl zum *Ulysses* als auch zu *Finnegans Wake* geschrieben und gleichzeitig die Joyceschen Fehler vermieden zu haben: da, wo Joyce alles durcheinander kehrte, habe er Ordnung geschaffen.

Schon diese Selbstverständnis läßt ahnen, daß Schmidt ein schiefes Bild von Joyce hatte. Tatsächlich belegen die unter Joyce-Einfluß entstandenen Texte Schmidts, daß nicht in erster Linie Schmidts Schreibweise durch Joyce verändert wurde, sondern daß im Gegenteil Schmidt seinen Vorläufer völlig umkrempelte, um ihn sich nutzbar zu machen. Schmidts Texte der sechziger Jahre sind übersät mit Joyce-Anspielungen, versteckten Joyce-Zitaten und Huldigungsfloskeln, doch Schmidt bleibt stets er selber, und sogar seine Versuche, Teile aus *Finnegans Wake* zu übersetzen, brachten nur wieder Schmidt-Texte hervor, wie schon ein kurzer Vergleich zeigt. James Joyce legt vor:

> White fogbow spans. The arch embattled. Mark as capsules. The nose of the man who was nought like the nasoes. It is selftinted, wrinkling, ruddled. His kep is a gorsecone. He am Gascon Titubante of Tegmine – sub – Fagi whose fixtures are mobiling so wobiling befear my remembrandts. She, exhibit next, his Anastashie. She has prayings in lowdelph. Zeehere green eggbrooms. What named blautoothdmand is yon who stares? Gugurtha! Gugurtha![22]

Und Schmidt zieht nach:

> Weißer Nebelbogen überspannt. Den Arsch im Bette. Schlappe Hülsen. Die Nase des Mannes, der null war wie die Nie=SOS. Sie ist selbstgetintet, runzlig, gerötet. Sein Käppi ein gröblicher Kegel. Er bin Gascon Titubante von Tegmine=Sub=Fagi, dessen Zubehör=Züge derart be=furcht meiner Remembrane mobilen und wedeln. Sie, das nächste Schaustück, seine Anastasja. Sie andächtelt auf Nieder=Delft. Man beachte ihre grünen Augenbürstchen. Wes Namens ist jener

---

[22] James Joyce, *Finnegans Wake* (London: Faber 1975), S. 403.

> Blauzahnmann dort, der so gafft? Du Würger! Würger Du![23]

Diese Versuche Schmidts sind als Übersetzungen höchst dubios; einen besonderen Reiz gewinnen sie aber als eigenständige Arbeiten Arno Schmidts: sie entwerfen eine Prosa, wie es sie zuvor in der deutschen Literatur nicht gab – auch bei Schmidt nicht, der unter eigenem Namen nie auch nur annähernd so autonome Sprachgebilde schuf, wie sie die vermeintlichen Joyce-Übersetzungen darstellen. Wie John Cage benutzt Schmidt *Finnegans Wake* im Grunde nur als Textgenerator, um etwas Neues hervorzubringen.

Das hat Schmidt selbst gewiß anders gesehen; seine ummodelnden Eingriffe ins Original waren aber zumindest zum Teil durchaus beabsichtigt: da er *Finnegans Wake* für eine mutwillig verunklarte Zerrgestalt hielt, machte er den Versuch, diese Gestalt wieder zu entzerren. Daß das angeblich Verzerrte an Joyce gerade dessen besondere Leistung sein könnte, leuchtete Schmidt nicht ein; er praktizierte in *Finnegans Wake* einen Sinn hinein, der im Grunde doch nur eine Verarmung bedeutete.

Spätestens hier keimt der Verdacht, Schmidt habe Joyce vielleicht gar nicht richtig verstehen können. Schmidt hat es in seinen ästhetischen Modellvorstellungen nie aufgegeben, von der Literatur die „präzise“ und „konforme Abbildung“ der Welt zu verlangen; von der Idee, Sprache könne sich selbst als Realität setzen und so Autonomie erlangen, hielt er gar nichts. Mit diesem sehr traditionellen Literaturverständnis konnte Schmidt sein eigenes Werk einigermaßen in Einklang bringen, obwohl seine Texte im

---

[23] James Joyce, „Finnegans Wake“, Übersetzung ins Deutsche sowie Anmerkungen und Nachwort von Arno Schmidt, Faksimilebeilage zu *Arno Schmidts Arbeitsexemplar von Finnegans Wake by James Joyce* (Zürich: Haffmans 1984), S. 403 der Beilage.

Grunde viel avancierter sind, als ihr Autor wahrhaben konnte; auch den *Ulysses* konnte Schmidt noch in das Korsett seiner Prosamodelle hineinzwängen – doch für *Finnegans Wake* reichte seine Literaturkonzeption nicht aus.

Zu diesem Unvermögen, Joyce zu verstehen, kommen noch bedeutende Unterschiede in den persönlichen Anlagen hinzu. Schmidt brachte ganz andere konstitutionelle Dispositionen mit als Joyce: während der Ire der geborene Synthetiker war, der alle Eindrücke aufnahm und verschmolz, dominierte bei Schmidt das Analytische; er neigte zum Zerlegen und Sortieren. Diese Differenzierung trägt bis hin in kleinste Einzelheiten: während Joyce sparsam zu interpungieren pflegte, zerhackte Schmidt beispielsweise seine Texte mit einem Großaufgebot an Satzzeichen. Es war letztlich unvermeidbar, daß Joyce Schmidt im Wesenskern immer fremd bleiben mußte.

Dieser Sachverhalt muß nicht gegen Schmidts Werk sprechen – im Gegenteil: gerade weil Schmidt nicht über seinen Schatten springen konnte, wurde sein eigenes Werk so unverwechselbar. Seine Sorge, er könne dem Joyceschen Einfluß erliegen, war im Grund unberechtigt: da er Joyce nur durch seine eigene sehr starke Brille sah, konnte als Ergebnis der Auseinandersetzung mit dem Iren auch wieder nur genuiner Schmidt entstehen. Die gravierenden Mißverständnisse, die Schmidts Umgang mit Joyce prägten, waren nicht nur höchst produktiv, sondern retteten auch Schmidts kreative Eigenständigkeit. Dazu trug sicherlich auch bei, daß Schmidt erst spät auf Joyce gestoßen ist. Er wies in der Rückschau selbst darauf hin: „So habe ich Joyce erst kennengelernt, als ich Anfang 40 war. Das heißt, ich war praktisch schon Arno Schmidt.“[24]

---

[24] Arno Schmidt, zitiert nach einem Interview von Gunar Ortlepp, „APROPOS: AH!; PRO=POE“, in *Der Spiegel* 17 (20. April 1970), S. 225-235, hier S. 228.

Beckett war es anders ergangen: als der junge Student aus Dublin den großen Joyce kennenlernte, war er gerade noch nicht jener Samuel Beckett, den wir heute kennen. Er war der Lernende und wurde von Joyce entscheidend geprägt. Es mag paradox erscheinen, daß Beckett ein profundes Verständnis für das Joycesche Werk entwickelte und sich doch davon entfernte, während Schmidt, der für elementare Joycesche Grundprinzipien kein rechtes Verständnis mitbrachte, sich doch diesem Werk näherte. Das scheinbare Paradoxon läßt sich jedoch folgerichtig auflösen.

Beckett begriff *Finnegans Wake* in allen seinen Prinzipien offenbar so gut, daß er dieses Werk vielleicht hätte fortführen können; allerdings hätte das dann bestenfalls eine perfekte Kopie hervorgebracht. Um dies zu vermeiden, mußte Beckett in die andere Richtung gehen. Für Schmidt hingegen bestand diese Gefahr nicht, wenn er es wohl auch eine Zeitlang glaubte: er konnte aus dem Umgang mit Joyce neue Funken schlagen, gerade weil er so verständnislos und ungelenk damit hantierte.

Auch zwischen Schmidt und Beckett gibt es geheime Annäherungspunkte: Schmidt und Beckett treffen sich in manchen Zügen ihrer solipsistischen Welthaltung, in Vorstellungen von der Welt im Schädel der Imagination und von der Überwindung der materiellen Welt durch die unentwegte Reibung daran.[25] Mit dem Joyce-Konnex freilich hat dies nichts zu tun. Immerhin: Erben von James Joyce sind sie auf spezifische Weise beide – sowohl Arno Schmidt, dessen Prosa an der Oberfläche an Joyce heranwuchert, als auch Samuel Beckett, dessen Werk seine Wurzeln bei Joyce hat. Daß die beiden Erben ein ge-

---

[25] Vgl. dazu den Aufsatz „Die Krampfhenne" in meinem Buch *Reziproke Radien. Arno Schmidt und Samuel Beckett* (München: edition text + kritik 1990), S. 32-65.

spanntes Verhältnis zueinander haben, verwundert da kaum; zumindest Schmidt ließ kaum eine Gelegenheit aus, den Kollegen zu schmähen: „BECKETT?: macht es sich künstlerisch leicht, durch sein Arbeiten mit 2 StabPuppen in einer bis zur Armseligkeit reduzierten WeltÖde.“[26] Aussagen Becketts über Schmidt allerdings sind nicht überliefert; zu einer Stellungnahme gedrängt, meinte er nur: „I have no opinion on Arno Schmidt. Sorry.“[27]

Übrigens hat sich auch Samuel Beckett an der Übersetzung von *Finnegans Wake* versucht: zusammen mit seinem Freund Alfred Péron erarbeitete er 1929/30 eine Fassung des Kapitels „Anna Livia Plurabelle“ – das war der erste Übersetzungsversuch überhaupt. Der Text wurde später von Joyce selbst und anderen Helfern überarbeitet, so daß sich Becketts Anteil an der Endfassung ohne genauen Vergleich mit der schwer zugänglichen Erstfassung nicht eindeutig bestimmten läßt. Sicher ist allerdings, daß Beckett seine Übersetzungsarbeit als eine dienende begriff, während Schmidts Übersetzungsversuche unter dem Diktat der hemmungslosen Aneignung standen.

Es ist offensichtlich, daß der Umgang des deutschen Publikums mit *Finnegans Wake* durch die Schwierigkeiten der Übersetzung mehr als behindert ist. Die Behauptung, *Finnegans Wake* sei unübersetzbar, ist gewiß nicht zu widerlegen – wobei allerdings darauf hinzuweisen wäre, daß letztlich jeder literarische Text unübersetzbar ist, wenn unter Übersetzung die Überführung in eine andere Sprache unter Wahrung schlechthin aller ästhetisch

---

26 Arno Schmidt, „Was wird er damit machen? Nachrichten aus dem Leben eines Lords“, in *Der Triton mit dem Sonnenschirm. Großbritannische Gemütsergetzungen* (Karlsruhe: Stahlberg 1969), S. 50-99, hier S. 98.

27 Samuel Beckett, Briefkarte an Friedhelm Rathjen vom 26. Juni 1987.

relevanten Merkmale begriffen wird. Freilich ist der unumgängliche Verlust an ästhetischer Gestalt wohl nirgendwo so groß wie bei der *Wake*-Übersetzung; gerade dies ist aber kein Anlaß, gleich alles aufzugeben und *Finnegans Wake* von vornherein auf ein reduktionistisches „Lesemodell" hin zu übersetzen, wie Arno Schmidt dies fordert. *Finnegans Wake* will nicht etwas mitteilen, sondern ästhetische Wirkung entfalten, indem es sich selbst herzeigt; dem Leser, der wissen will, was *Finnegans Wake* ist, nützt es deswegen wenig, wenn ihm das Buch ‚zusammengefaßt' wird. Eine Leserschaft, die auf Übersetzungen angewiesen ist, erhält ein verfälschtes Bild, wenn der Übersetzer einer Passage sich auf sein ‚Lesemodell' beruft, aus den kumulierten Sinnschichten eine als ‚eigentlich gemeinte' auswählt und nur diese in der Zielsprache wiedergibt; das Bild wird allerdings ebenso verfälscht, wenn der Übersetzer die miteinander verwirkten Bestandteile des Originals auseinanderfädelt und in der übersetzten Fassung hintereinanderstellt. Ziel des Übersetzens kann es nur sein, den Überlagerungsprozeß abzubilden; dies läßt sich nur erreichen, indem man die verwobenen Partikel des Originals allesamt identifiziert, Partikel für Partikel in die Zielsprache übersetzt und die erhaltenen zielsprachlichen Partikel nun wieder übereinanderlegt. Daß das in der Praxis so einfach nicht ist, läßt sich denken; wer freilich nicht bereit ist, es zumindest zu versuchen, braucht mit der Übersetzungsarbeit an *Finnegans Wake* gar nicht erst zu beginnen.

Einige Beispiele aus meiner eigenen Praxis mögen erläutern, wie ein solcher Übersetzungsversuch vorgehen muß. Zu sehen sein wird anhand dieser Beispiele, ob und wieweit das Verfahren funktioniert, allerdings auch, auf welche Grenzen des Machbaren es stößt.

Ziemlich zu Anfang des „Mamalujo"-Kapitels von *Finnegans Wake* steht das verschwommene Wörtchen

„bleaueyedeal“[28], das in keinem Wörterbuch zu finden ist. Bevor es ans eigentliche Übersetzen geht, ist zu katalogisieren, was hier an Sinnpartikeln überhaupt vorhanden ist. Das wären unter anderen: ein *beau ideal*, also ‚Vorbild‘, ‚Musterbild‘, ‚Ideal‘; ein *blue-eyed*, also ‚blauäugig‘; dann am Ende auch noch ein *deal*, also ein ‚Handel‘, ‚Geschäft‘, ‚Übereinkommen‘ – jedenfalls etwas Geschäftsmäßiges und Vertragsgemäßes, das ein wenig den Glanz des Idealisierten zur auferlegten Pflicht hin profanisiert. Nun müssen diese verdeutschten Partikel wieder in ein Portmanteauwort zusammengebracht werden, das dem Original entsprechend wiederum keinem Lexikon entnehmbar sein darf. Der Lösung kommen wir näher, indem wir zunächst zwei der Bedeutungsschichten isolieren, nämlich die im Original besonders augenfälligen: ‚Musterbild‘ und ‚blauäugig‘. Leider klingen diese beiden Begriffe nicht so ähnlich wie die im Original vorhandenen *beau ideal* und *blue-eyed*. Eine gewisse Annäherung im Deutschen läßt sich erzielen durch eine leichte Nuancenverschiebung der zu verarbeitenden Begriffe: wenn wir zu ‚Musterexemplar‘ greifen, so läßt sich mit einigem guten Willen in das ‚Exemplar‘ ein ‚Äugleinblau‘ einpassen. Das Zwischenergebnis lautet ‚Musteräugslemblau‘. Jetzt können wir von diesem Rohwort ausgehen und nachdenken, was sich darin noch unterbringen läßt und wenigstens einigermaßen den bislang unberücksichtigten Partikeln des Originals entspricht. Die geschäftsmäßige Pflicht des *deal* läßt sich einbringen, indem die ‚Pflicht‘ aufgelöst wird zu einem handgreiflicheren ‚das muß der‘. Die vorläufig-endgültige Lösung lautet dann: „Mußderäugslemblau“[29].

---

[28] Joyce, *Finnegans Wake*, a.a.O., S. 384.

[29] Joyce, *Finnegans Wake Deutsch*, a.a.O., S. 221 (Übersetzung des „Mamalujo“-Kapitels durch Friedhelm Rathjen).

Ein zweites Beispiel, das über die Grenzen des Einzelwortes schon etwas hinausgreift: „she might fair as well have carried her daisy's worth to Florida."[30] Hier liegt eine durchgehende sentenzhafte Sedimentschicht vor: *she might as well have carried her flowers to Florida*, also: ‚sie hätte genausogut ihre Blumen nach Florida getragen haben können' (wobei der Ausdruck ‚Blumen nach Florida tragen' gleichbedeutend ist mit ‚Eulen nach Athen tragen'). Nun steht im *Wake* aber nicht *flowers*, sondern „daisy's worth", also eine Verbindung aus dem *day's work* (gleich ‚Tagewerk') und einem ‚Gänseblümchenwert'. Das ‚Gänseblümchen' ist auf deutsch nicht zu retten, aber wenn uns glücklich einfällt, daß es die Blume ‚Tagetes' gibt, können wir das ‚Tagewerk' einarbeiten, indem wir ‚den Tageteswert nach Florida tragen' lassen. Nun fehlt nur noch die Verzerrung von *she might as well* zu „she might fair as well", die in unterschwelliges ‚Lebwohl' (*fare well*) aufruft. Auch hier hat der Übersetzer Glück, denn das läßt sich ohne größere Mühe in die deutsche Rohfassung eingliedern. Die Endversion lautet dann: „sie hätte leben so wohl ihren Tageteswert nach Florida getragen haben können."[31]

In diesen Beispielen war im wesentlichen nur englisches Lautmaterial ins Deutsche zu transferieren; in *Finnegans Wake* sind aber Spuren von rund vierzig weiteren Sprachen enthalten. Bisweilen macht das die Arbeit des Übersetzers sogar leicht; nichts kann ihn so erfreuen wie ein längerer Abschnitt auf Latein, den er nur abzuschreiben braucht. Wo aber dritte Sprachen mit dem Englischen verwoben sind, kehren die bekannten Schwierigkeiten zurück, da er sie nun an ein deutsches Äquivalent an-

---

30 Joyce, *Finnegans Wake*, a.a.O., S. 158.

31 Joyce, *Finnegans Wake Deutsch*, a.a.O., S. 130 (Übersetzung der Fabel „Der Mauchs und Der Traufen" durch Friedhelm Rathjen).

schließen muß; er kann natürlich auch selbst dritte Sprachen neu erschließen und sich dadurch die Chancen erweitern, soweit die Fremdsprachenkenntnisse das gestatten. So zog ich es in meiner Übersetzung des „Mamalujo“-Kapitels vor, das Joycesche „Mahazar ag Dod!“[32] durch einen Sprachsprung zu übertragen. „Mahazar ag Dod“ will einerseits auf ein *Mother of God* hinaus, so daß die deutsche Version das entsprechende ‚Mutter Gottes‘ durchscheinen lassen müßte; andererseits sind *mahaza* und *agdod* die armenischen Vokabeln für ‚sterblich‘ bzw. ‚schmutzig‘. Meine Lösung, die für die armenischen Wörter italienische aufbietet, lautet: „Mortal Gottas!“[33]; *mortal* heißt wiederum ‚sterblich‘, paßt also vorzüglich, wohingegen *gotta* die ‚Gicht‘ bezeichnet, die zwar etwas anderes als ‚schmutzig‘ ist, aber doch immerhin in die Sphäre des Ungesunden und des Verfalls verweist.

Diese wenigen Beispiele[34] zeigen etwas von dem großen Aufwand, der nötig ist, um bei der *Wake*-Übersetzung auch nur einen kleinen Erfolg zu erzielen: die musterhaft übersetzten Stellen umfassen nicht einmal zwei Zeilen von *Finnegans Wake*; das ganze Buch besteht aus ca. 20.000 Zeilen. Angesichts dieser Zahlen kann man verstehen, warum die weltweit erste veröffentlichte Komplettübersetzung des *Wake*[35] – sie stammt von dem Franzosen

---

[32] Joyce, *Finnegans Wake*, a.a.O., S. 389.

[33] Joyce, *Finnegans Wake Deutsch*, a.a.O., S. 226 (Übersetzung des „Mamalujo“-Kapitels durch Friedhelm Rathjen).

[34] Einige weitere Beispiele bietet mein Aufsatz „Nöö, Euer Maddetät! Überlegungen zu Status und Theorie der Schmidtschen *Finnegans-Wake*-Übersetzungen und ein Gegenentwurf“, in *Zettelkasten 10. Aufsätze und Arbeiten zum Werk Arno Schmidts. Jahrbuch der Gesellschaft der Arno-Schmidt-Leser 1991*, hg. v. Rudi Schweikert (Frankfurt a.M.: Bangert & Metzler 1991), S. 197-229.

[35] Vgl. James Joyce, *Finnegans Wake*, traduit par Philippe Lavergne (Paris: Gallimard 1982).

Philippe Lavergne – eher dürftig ausgefallen ist und warum es so lange gedauert hat, bis Dieter H. Stündel seinen Versuch einer ersten kompletten Eindeutschung fertig hatte. Im übrigen müssen meine Lösungsvorschläge keineswegs die einzig möglichen sein: die im Band *Finnegans Wake Deutsch* versammelten Versuche verschiedener Übersetzer, zum Teil zu identischen Textteilen, verdeutlichen die extreme Bandbreite von Übersetzungsstrategien, die nebeneinander bestehen können. Das heißt allerdings nicht, daß sich zwischen mehr und weniger sinnvollen, mehr und weniger angemessenen Strategien nicht manchmal doch unterscheiden ließe, und gerade Stündels ‚Übersetzung' ist in mehrerlei Hinsicht hochproblematisch.

Obwohl *Finnegans Wake* in seiner durchgängig mehrdeutigen sprachlichen Struktur leicht den Eindruck zurückläßt, man könne stets nur ungefähr sagen, was da eigentlich vor sich geht, ist die Textur von Joyce doch präzise und zielgenau gearbeitet, und so ist es immer mißlich, wenn ein Übersetzer sich nachweisen lassen muß, nicht genau hingeschaut und flüchtig gelesen zu haben. So läßt Stündel bei der Joyceschen Formulierung „a no uncertain quantity of obscene matter not protected by copriright in the United Stars of Ourania"[36] das Wörtchen „not" unter den Tisch fallen und dreht die Aussage somit einfach um: „eine gewitze Männge von obstzönen Sacken [...], huhrhebährrächtlich geschürzt in den Vaeinickten Starten von Urinia"[37]. So unglücklich solche punktuellen Patzer im Einzelfall sein mögen, so leicht ließen sie sich aber korrigieren und so nachrangig sind sie für die Beurteilung der Qualitäten des Werkes im ganzen.

---

[36] Joyce, *Finnegans Wake*, a.a.O., S. 185.
[37] Dieter H. Stündel, *Finnegans Wehg. Kainnäh ÜbelSätzZung des Wehrkeß fun Schämes Scheuß* (Darmstadt: Häusser 1993), S. 185.

Die eigentliche Problematik der Stündel-Version ist grundsätzlicherer Natur, läßt sich an unserem Beispiel allerdings auch aufzeigen, wobei drei Aspekte hervorzuheben sind.

Erstens hat Stündel den Abwechslungsreichtum der nur auf den ersten Blick einförmigen Joyceschen Textur eingeebnet: bei Stündel wird jeder Satz und jedes Wort mit kalauernden Verschreibungen vollgepackt und auf einen gleichbleibend hohen Grad von zwanghafter Witzigkeit getrimmt, ganz gleich, ob bei Joyce korrektes oder verzerrtes Englisch steht oder auch ein von Verschreibungen freier fremdsprachlicher Passus. In unserem Beispiel benutzt Joyce mit „copriright" (einer koprophilen Verzerrung von *copyright*) und „Ourania" (dem griechischen Wort für die ‚Himmlische') nur zwei Wörter, die keine lexikalisch und orthographisch korrekten englischen sind; bei Stündel hingegen sind die korrekten deutschen Wörter in der Minderzahl.

Zweitens ersetzt Stündel die strukturelle Mehrdeutigkeit von Joyce durch eine partikularisierende: während die Joyceschen Verschreibungen sich zu strukturierten Textintentionen fügen, bleiben sie bei Stündel unverbundene Kalauer. Bei Joyce sind die „United Stars" und das „Ourania" kontextuell in astronomische Zusammenhänge eingebunden, denen durch die „obscene matter", das „copriright" und den Urin-Anklang in „Ourania" eine ebenso durchgängige und vom Textumfeld mitgetragene Fäkalfolie entgegengehalten wird; die von Stündel aufgebotenen Verschreibungen hingegen entstammen den disparatesten Wortfeldern und bleiben deshalb völlig beliebig.

Drittens – das ist an unserem Beispiel allerdings nicht ausreichend zu zeigen – heftet Stündel sein inflationäres Aufgebot an Kalauern an einen syntaktischen Grundablauf, der als ‚gemeinter Sinn' trotz der punktuellen Überlagerungen stets eindeutig erkennbar bleibt, während im Joyceschen Urtext eine solche Unterscheidung zwischen ‚eigentlich gemeinten' und hinzukomponierten Sinnschichten über weite Strecken gerade nicht mehr zu treffen ist.[38]

Da Stündel sich nicht bemüht, jenen Kalauern, die Joyce im englischen Text anbringt, solche deutschen nachzubilden, die gleichgerichtete Textintentionen transportieren, sondern statt dessen einen aus dem *Wake* extrahierten Grundtext mit ganz eigenen Kalauern überschüttet, die mit dem Original in keinem ursächlichen Zusammenhang stehen, fällt es nicht schwer, ihm jenen Vorwurf zu machen, der sich bei den partikularisierenden *Wake*-Umschriften von John Cage ebenfalls aufdrängte, dort jedoch zurückgewiesen werden konnte: der Zusammenhang mit dem Joyceschen Text ist gar nicht mehr zwingend, und im Grunde hätte Stündel – der den Text zwar nicht partikularisiert, ihn aber erst aller obertonhaften Partikel entkleidet und dann mit eigenen punktuellen Obertönen neu einkleidet – sein Kalauertalent auch auf jeden beliebigen anderen Text anwenden können.

Eins der kniffligsten Probleme der Übersetzungsarbeit am *Wake* besteht darin, die im Englischen organisch wirkenden Mehrdeutigkeiten in die deutsche Fassung, in die

---

[38] Detailliertere Auseinandersetzungen mit Stündels Eindeutschung habe ich anderswo versucht. Vgl. Friedhelm Rathjen, „Schämes Scheuß wirrdeutscht. Höchst parteiische Anmerkungen zu Dieter H. Stündels *Finnegans-Wake*-Übersetzung", in *Bargfeld ➔ Dublin. Mit Arno Schmidt zurück zu James Joyce* (Frankfurt a.M.: Bangert & Metzler 1992), S. 155-171 (entkürzte Fassung des gleichnamigen Artikels aus dem *Merkur* 518 vom Mai 1992); Friedhelm Rathjen, „Der plattgemachte Joyce: Dieter Stündel vergreift sich an *Finnegans Wake*", in *Dritte Wege. Kontexte für Arno Schmidt und James Joyce* (Scheeßel: Edition ReJoyce 2005), S. 32-36 (Zusammenschrift der Rezensionen „Finnegans Wake plattgemacht" aus *Konkret* 8 vom August 1993 und „Primitiver Spiel – nicht von James Joyce" aus der *Basler Zeitung* vom 1. September 1993).

sie oftmals so organisch nicht inkorporierbar scheinen, herüberzuretten. Mein eigenes Übersetzungsprinzip ist es, diesen Schwierigkeiten zum Trotz Obertöne möglichst immer genau da in der deutschen Fassung anzubringen, wo sie im Original auch vorhanden sind. Dieter H. Stündel umgeht das Problem, indem er die von Joyce vorgegebenen Obertöne ganz wegläßt, um statt dessen völlig andere Obertöne, wie er sie seinem deutschen Grundtext für angemessen hält, anzuschlagen; daß er damit die Grenzen des Legitimen zu überschreiten droht, liegt auf der Hand.

Dennoch sind natürlich noch andere Strategien als nur die von mir bevorzugten nicht nur möglich, sondern auch legitim: viele Übersetzer halten sich nicht so sklavisch wie ich an die Plazierung der Obertöne im Joyceschen Original, sondern suchen diese Joyceschen Obertöne – aber eben wirklich die Joyceschen und nicht ihre eigenen! – an jenen Stellen in ihren deutschen Text zu integrieren, wo es ihnen am passendsten erscheint. Jeder Übersetzer geht an seine Aufgabe wieder anders heran, und keineswegs läßt sich, wenn mehrere unterschiedliche Lösungen möglich sind, immer eine davon als die eindeutig bessere bestimmen.

Vielfältig sind die Möglichkeiten der Übersetzer, ihre nachschaffende Kreativität an Joyce zu erproben; noch vielfältiger sind die Anregungen, die Joyce seinen Kollegen für die eigenschöpferische Arbeit zu geben vermag – Beckett, der Reduktionist, und Schmidt, der Enzyklopädist, sind zwei Beispiele, die auch für andere stehen mögen. Dies ist jedoch nur ein Ausschnitt der Joyceschen Wirkung; mag man zudem die Pop-Verse von Kate Bush noch berücksichtigen, die Textkompositionen von John Cage und die ins Uferlose wuchernden Ableger der Joyce-Forschungsindustrie, so muß sich doch der Facettenreichtum des Joyceschen Kosmos darin nicht notwendigerweise erschöpfen. „Here Comes Everybody“, so heißt (inoffiziell) ein Kapitel aus *Finnegans Wake* – und dieses Jedermann-Prinzip gilt auch für die Nutzungsmöglichkeiten: hier kommt jeder zu seinem Recht. Nicht jeder Umgang mit Joyce ist einfach, doch der möglichen Umgangsformen sind viele. Das Werk von Joyce läßt sich schwerlich auslesen, und wenn sich mithin die Lektüre endlos fortsetzen läßt, so ist es nur konsequent, daß Joyce das Ende von *Finnegans Wake* wieder in den Anfang des Romans einmünden läßt[39]:

> Ja, Tod. Da ist's wo. Zuerst. Durchfahren wir Gras hohusch den Busch umzu. Whinsch! Eine Möwe. Möwen. Fern Rufen. Im Kommen, fern! Enden hier. Wir dann. Finn, fangan! Er macht's. Abbasamtseidsanft, vergüßt memeimemamomich! Bis tusendirsja. Lppn. Die Schlüssel zum. Gegeben! Ein Weg ein samer ein letzter ein liebster entlang der

[39] Joyce, *Finnegans Wake Deutsch*, a.a.O., S. 275 (Übersetzung des Endes durch Friedhelm Rathjen).

Nachweise

Vorfassungen von Teilen dieses Buches erschienen an folgenden Druckorten:

„Joyceleben“ in Friedhelm Rathjen, *Flußgefließe. Aufsätze zu James Joyce* (Scheeßel: Edition ReJoyce 2008).

„Ein Roman wird begangen“ u.d.T. „James Joyce und seine Stadt“ in Friedhelm Rathjen, *Irische Reise* (Göttingen: Lamuv 1999).

„Ein Porträt des Künstlers als italienischer Journalist“ in James Joyce, *Irland auf der Anklagebank. Reportagen aus der irischen Wirklichkeit*, herausgegeben und übersetzt von Friedhelm Rathjen (Südwesthörn: Edition ReJoyce 2013).

„Ein Porträt des Künstlers als Radtourist“ in Friedhelm Rathjen, *Der Ernst des Lesens. Beinharte Forschung zu Arno Schmidt & Consorten* (Scheeßel: Edition ReJoyce 2006). Vortrag, gehalten auf Einladung von Maria Eger am Bloomsday 2003 bei „VELO-Radsport“ in Nürnberg unter Verwendung von Passagen aus den Aufsätzen „In the heart of a foulfamed potheen district“, gedruckt in Friedhelm Rathjen, *Irische Reise* (Göttingen: Lamuv 1999), und anderswo, sowie „James Joyce as a Cyclist“, gedruckt im *Joyce Studies Annual 2003* (Austin: University of Texas Press 2004).

„Songs for Lovers“ in Friedhelm Rathjen, *Crisis? What Crisis? Handreichungen und Fußnoten zur Weltliteratur* (Scheeßel: Edition ReJoyce 2010).

„Vom Nutzen und Nachteil der Biographie für das Lesen“ in Friedhelm Rathjen, *Doublin' Dublin. Vorträge und anderes zu James Joyce und Samuel Beckett* (Südwesthörn: Edition ReJoyce 2012).

„Vom Umgang mit Joyce“ im *Schreibheft* 39 (Mai 1992).

Alle aufgenommenen Beiträge wurden zuvor durchgesehen, aktualisiert und erweitert.